LA FRANCE
DANS TOUS SES ÉTATS

DU MÊME AUTEUR

ROMANS

LE SANG DES HOMMES, 1941 (Payot).
MÉRIDIENS, 1945 (Plon).
EURIQUE ET AMÉROPE, 1946 (Plon).
LES CARNETS DU BON DIEU *(Prix Interallié)*, 1947 (Plon).
L'ÉTERNEL SECOND, 1949 (Plon).
LUDOVIC MORATEUR OU LE PLUS QUE PARFAIT, 1970 (Plon).
LA PREMIÈRE PLANÈTE À DROITE EN SORTANT PAR LA VOIE LACTÉE, 1975 (Fayard).
MADE IN FRANCE, 1977 (Julliard).
LE VEUF JOYEUX, 1981 (Julliard).

ESSAIS, RÉCITS

PASSEPORT POUR LA NUIT, 1946 (Plon).
SONIA, LES AUTRES ET MOI *(Prix Courteline)*, 1952 (Plon).
LES CARNETS DU MAJOR THOMPSON, 1954 (Hachette).
LE SECRET DU MAJOR THOMPSON, 1956 (Hachette).
VACANCES A TOUS PRIX, 1958 (Hachette).
UN CERTAIN MONSIEUR BLOT, 1960 (Hachette).
LE JACASSIN, 1962 (Hachette).
DANINOSCOPE, 1963 (Presses de la Cité).
SNOBISSIMO, 1964 (Hachette).
LE 36ᵉ DESSOUS, 1966 (Hachette).
LE MAJOR TRICOLORE, 1968 (Hachette).
LE PYJAMA, 1972 (Grasset).
LES NOUVEAUX CARNETS DU MAJOR THOMPSON, 1973 (Hachette).
LES TOURISTOCRATES, 1974 (Denoël).
LA COMPOSITION D'HISTOIRE, 1979 (Julliard).
LA GALERIE DES GLACES, 1983 (Hachette).
AUTO-MÉMOIRES, 1984 (Plasma).

PIERRE DANINOS

LA FRANCE DANS TOUS SES ÉTATS

HACHETTE

EN GUISE D'AVERTISSEMENT

Traiter à l'imparfait des Français du temps présent ne saurait être le fait que d'un historien du futur.

Quel visage aura la France dans le rétroviseur d'un homme de 2100 ? Comment serons-nous devenus ce que nous sommes ?

C'est ce que révèlent les observations d'Emmanuel Neyrac-Daboud, qui aura passé la majeure partie de son existence à étudier les témoignages de notre époque, à dépouiller ses journaux, à compulser ses archives, écrites ou télévisées. Il montrera parfois combien les choses auront changé en un peu plus d'un siècle.

On peut évidemment se demander pourquoi, en 2100, ce studieux penchant pour les années 80-85... Parce que, sans doute, à ce moment, la France entière devait être prise d'une passion rétro pour notre fin de siècle, ses modes, son style de vie. Cette inclination subite pour l'architecture tubulaire du Centre Pompidou — en cours de démontage —, n'était pas sans rappeler les sanglots provoqués en 1980 par la disparition des Halles — que personne ne prenait la peine de considérer quand elles étaient encore debout.

I

LE PARCOURS DU COMBATTANT

Combats permanents des Français contre leur ennemi héréditaire : le Français. — Disparition du rire, vogue de la sériosité. — Vertige des funérailles. — Les plus grands soupireurs du monde.

Vers le début de l'année 1983, les guichetières de la Sécurité sociale, en grève, réclamèrent, entre autres choses, une « prime de contact » de 4 % pour les heures où leur service les mettait en rapport direct avec le public. Autrement dit, à leur entrée dans la cage aux fauves. Car enfin on ne saurait mieux affirmer que ces employées d'un service public, destiné à rendre service au public, considéraient le public comme l'ennemi potentiel, et que le fait d'entrer en contact avec lui comportait des risques pouvant entraîner dommages et intérêts.

La preuve qu'il s'agissait bien de combats de harcèlement, c'est le terme même de

« contact », qui évoque ces communiqués du front relatant que nos troupes sont « au contact avec l'ennemi ». On conçoit mieux dans ces conditions, que guichetières et guichetiers fussent souvent séparés de l'ennemi public par une carapace de verre protecteur, des grilles, des parois percées de petits trous situés un peu au-dessus ou un peu au-dessous de portée de voix, de façon à ne laisser filtrer qu'une partie des projectiles verbaux.

A l'abri dans sa forteresse, le préposé ne possédait pas seulement sur l'assiégeant la confortable supériorité des gens assis sur ceux qui sont debout : il jouissait au surplus du privilège de l'anonymat. Dans de nombreux pays on savait tout de suite à qui l'on avait affaire, grâce à un cartouche portant le nom du fonctionnaire. Cet usage commençait à se répandre dans certaines entreprises privées, mais, dans la fonction publique en général, le postulant était tenu de décliner son identité (une des rares choses qui se déclinaient encore) alors que celle de son vis-à-vis demeurait impénétrable. Dans les joutes téléphoniques, elle devenait, à la rigueur, un numéro : *rappelez le 537...* — jamais un nom. Quant au courrier, la plupart des lettres des services officiels, des compagnies d'assurances, des banques, des hôpitaux, étaient signées d'un mystérieux paraphe, comme si l'expéditeur craignait d'être dépisté et obéissait au vieil adage : « Ne signe jamais ! »

Ainsi allaient les contacts quotidiens, semés de pièges et d'embûches. Il arrivait que le postulant perdît son contrôle. Mais il y avait bien quarante ans qu'on n'avait entendu un rouspéteur s'exclamer : « J'ai le bras long, mon ami, vous aurez de mes nouvelles ! » ou : « Permettez que je relève votre numéro, vous entendrez parler de moi ! » C'étaient là des choses qui ne se disaient plus, sans doute parce qu'il n'y avait plus de bras longs, ou que l'on était dressé (au point de s'excuser d'emblée — « Pardon monsieur... Pardon mademoiselle... » — de déranger quelqu'un qui était payé pour ce service).

Quels que fussent les bienfaits quotidiens de la démocratie et l'extrême liberté dont la population jouissait eu égard à ce qui se passait dans le même instant sur les deux tiers de la planète, le Français des villes, sinon des champs (où les machines le rendaient presque invisible), comparait volontiers sa journée à un parcours du combattant, successivement aux prises avec les agents, les commerçants, les manifestants, les services publics, le fisc, la banque, la poste, les automobilistes quand il était piéton, les piétons quand il était automobiliste, les contractuelles, les parcmètres récalcitrants, les encombrements.

M. Requillard, qui aimait l'exactitude, et donnait des rendez-vous à 9 h 50, estimait à 1 min 30 le temps qui le séparait, une fois quitté son domicile, de la première altercation (en admettant qu'il n'en ait pas déjà eu une chez lui). Il ne survenait sans doute pas une dispute chaque matin — mais parfois deux, qu'il s'agisse d'un différend à la poste (où l'apparition de M. Requillard au guichet semblait inciter la préposée à disparaître dans les profondeurs du bureau) ou dans la rue (quand un automobiliste, fou furieux parce que M. Requillard — dans l'impossibilité d'avancer — l'avait privé du bénéfice d'un feu vert, quittait sa voiture et se précipitait sur lui en criant : « Descendez, si vous êtes un homme ! »).

M. Requillard, de constitution moyenne, sinon fragile, assurait qu'il avait toujours affaire en ce cas à des malabars — ou, lorsqu'il guignait une place pour garer sa voiture, à des hésitants de la même famille que la guichetière de la poste : il se demandait souvent s'il n'avait pas une tête à rappeler soudain aux autres qu'ils avaient oublié quelque chose, tant le seul fait de vouloir prendre la succession d'un conducteur sur le point de démarrer, incitait celui-ci à chercher sous son tableau de bord quelque chose qu'il ne trouvait pas, à ajuster son rétroviseur, à feuilleter son calepin, à enfiler ses gants, à nettoyer son pare-brise, voire à passer la plage arrière à l'aspirateur. Si l'occupant finissait par abandonner la place, c'était visiblement à regret, comme s'il s'agissait d'une propriété privée chèrement acquise qu'il lui fallait céder pour rien.

❀

On aurait tort de considérer M. Requillard comme un cas. Tout le monde savait, dès le départ, que la journée serait pleine d'embûches (le paradoxe étant là encore respecté, puisque beaucoup d'algarades se concluaient par un *D'accord !* plus ou moins sincère).

Si, en quittant son domicile, M. Taupin croisait un locataire de connaissance, celui-ci lui disait : « Bon courage !... », comme s'il partait pour le front.

Et M. Taupin de renchérir en répondant : « Il faut bien... A la guerre comme à la guerre ! »

Quant aux rapports avec les gens de la rue, ils étaient inexistants. La journée se traversait dans une sorte de *no man's land.* Il fallait un accident, un « bouchon », générateur de mauvaise humeur, causé par une manifestation sur le passage de voitures officielles, ou un deuil national, pour que M. Requillard et ses concitoyens fussent pris de l'envie de se parler.

Comme le général de Gaulle, malgré sa toute-puissance posthume, ne pouvait pas mourir tous les jours, les Français ne se parlaient pas. Fait d'autant plus notable que l'on ne cessait, au même moment, d'entendre parler de relations humaines et de communication.

Jamais les Français n'avaient été plus refermés sur eux-mêmes.

❀

Nous sommes en 2100, et si les services publics ont fini par rendre service, en priorité, au public, les caractères restent les mêmes : on sera passé beaucoup plus vite des *jets* aux fusées interplanétaires que de la sourde réserve à l'affabilité souriante.

On aurait pu croire qu'avec la vogue toujours grandissante des voyages à l'étranger, les Français, voyant des gens se dire bonjour sans se connaître le moins du monde, dans un motel américain ou sur un chemin muletier du Valais, seraient incités à plus de sociabilité. Mais c'est ainsi et c'est bizarre : le pays où l'on vous dit sans cesse : « C'est simple comme bonjour », ne dit pas bonjour aussi simplement. Pour saluer des voisins de table en arrivant au restaurant, ou leur souhaiter une bonne journée en partant, il faut être Belge ou Suisse.

La France reste un pays tempéré, arrosé de pluies généralement douces et dont les habitants sont secs.

« Il faut les connaître ! », nous dit-on, comme si l'on pouvait fréquenter des gens que l'on ne connaît pas. Le plus difficile justement, c'est de faire connaissance, d'autant qu'une fois faite, souvent, on ne vous reconnaît plus.

On ne saurait faire là des différences d'ordre politique : le vice-président du Mouvement des Radicaux de gauche écrivait en 1984 : « La gauche française est, dans son ensemble, à peu près semblable à la droite ; aussi sèche, aussi crispée, aussi peu généreuse (. .). La réalité de la société française est glacée[1]. »

Taciturnes, moroses, sérieux, tels apparaissaient les Français. Secs ? Oui, et le fait était d'autant plus surprenant que les hommes politiques les gavaient de « sensibilités ».

Mais parlons plutôt de la sériosité.

Alors qu'il était encore ministre des Finances, M. Giscard d'Estaing avait, dans une allocution, fait état d'une statistique établissant que les Français riaient 6 minutes par jour contre 17 en 1939 (de là, sans doute, la « drôle de guerre »).

Fallait-il prendre ce chiffre à la lettre ? Tout y incitait, même le rire, devenu tellement sérieux que, s'il arrivait à un « intellectuel » de rire, il le faisait toujours au premier ou au second degré, comme si on avait pris sa température. Heureux encore s'il ne trouvait pas dans le sujet de son hilarité quelque chose « d'assez angoissant ».

Un auteur dramatique engendrait-il, à juste titre, l'euphorie du public ?

Attention ! Surtout ne pas parler de rire, de comique (« gaieté » — à éviter par-dessus tout, cela eût fait patronage). Mieux valait parler de dérision, car dérision, à l'instar de ces mots nés d'un coup de dé — déstabilisation, désinforma-

1. Jean-Denis BREDIN, *Les Français au pouvoir*, Grasset.

tion, désintoxication — faisait, pour rire, plus sérieux. Ainsi parlait un critique : « Ne vous y trompez pas : sous le masque de la dérision, se cache un moraliste. »

L'auteur venait-il à disparaître ? On déversait sur son caveau des pelletées de rigueur, de profondeur, de philosophie. On ne disait pas, d'abord, qu'il avait fait rire une génération mais plutôt que, « sous des dehors frivoles, il avait su cacher la gravité de son propos ».

Un des meilleurs auteurs de l'époque, Jean Anouilh, rapportait qu'à la générale d'une de ses pièces une dame lui dit :

« C'est très drôle, mais on comprend tout... »

Et, comme les organisateurs d'un gala à Versailles hésitaient entre Molière et Marivaux, quelqu'un suggéra :

« Donnons quelque chose d'ennuyeux, ce sera plus chic ! »

Tout juste s'il ne fallait pas s'excuser d'avoir ri. De toute façon, il convenait d'ajouter, s'il était question d'un dessin ou d'un sketch : « Et puis ça va très loin ! », histoire de faire comprendre qu'on ne riait pas pour rien, qu'on ne riait pas pour rire. Sans parler des critiques ou des esthètes, le *peculum vulgus* avait parfois peur de rire. Alors que leurs plus proches ancêtres s'esclaffaient — bêtement — devant la toile d'un peintre cubiste parce qu'il avait fait naître un troisième œil dans un visage, les descendants directs de ces primates s'efforçaient de garder leur sérieux pour ne pas avoir l'air demeuré.

Le rire était devenu si rare que des médecins en arrivaient à le redécouvrir et le recommander comme une panacée trop oubliée [1]. Seulement voilà : quand on dit du rire qu'il *joue un rôle fondamental au carrefour des manifestations musculaires, respiratoires, nerveuses et psychiques de l'individu* ; qu'il *libère les voies aériennes supérieures dans une action comparable à celle de la toux, provoque un relâchement de la musculature lisse des bronches par action du système parasympathique* ; enfin qu'il peut *agir comme laxatif en brassant en profondeur le tube digestif* — on n'a plus envie de rire du tout, même sur ordonnance.

❀

Ce serait peu de dire qu'une vague de sériosité submergeait les esprits : elle avait noyé jusqu'à leur subconscient. A Valenciennes, dans une

1. Dr Henri RUBINSTEIN, *Psychomatique du Rire*, Laffont.

« grande surface », rayon fromages, un écriteau avertissait :

Il est formellement interdit
d'ouvrir des boîtes de *Vache qui rit*
sans autorisation.

... de quoi donner vachement raison à un sociologue qui prétendait que l'un des rares aspects comiques de son époque était son sérieux.

La toute-puissance de cette sériosité s'exerçait dans tous les domaines, sport inclus. Interviewé à la télévision, un vieux joueur de pétanque déclarait : « Les jeunes ont la boule triste ! »

Rien de tellement exceptionnel là-dedans : la France a toujours eu de brèves crises de fou rire, interrompues par de longs accès de gravité. En 1765 déjà, Horace Walpole, de passage à Paris, notait : « Le rire est aussi démodé que les pantins ou le bilboquet. Les bonnes gens n'ont plus le temps d'être gais, ils ont trop à faire, il faut d'abord qu'ils mettent par terre Dieu et le Roi[1]. »

Deux cent vingt ans plus tard, un journaliste

1. Cité par Pierre GAXOTTE, *La Révolution française*, Fayard.

donnait au même phénomène d'autres raisons ; trois en particulier : la voiture, le nombre, le langage. Laissons-lui la parole :

« Plus on roule en voiture, moins les histoires circulent. L'homme qui quitte son bureau, le journaliste qui quitte le marbre, n'ont qu'une envie : rentrer chez eux (ou ailleurs). Isolés dans leur petite cage de tôle, ils se préservent. Sans même remonter au temps des cafés, Tortoni et Cie, les histoires ne se transmettent plus comme avant. Les transports en commun eux-mêmes transportent tout, sauf le rire. Les plates-formes des autobus, lieux ambulants du rire, timidement réapparues, avaient du bon : elles établissaient entre inconnus une certaine communication — on dirait aujourd'hui " complicité ".

« Deuxième facteur : le nombre. Dans les quotidiens de mes apprentissages journalistiques, rue du Croissant par exemple, il y avait une salle de rédaction, où l'on arrivait vers dix-sept heures pour ne commencer à travailler réellement que vers dix-huit heures trente. Entre-temps, on racontait des histoires, on échangeait des propos, bref on riait.

« Aujourd'hui il n'y a plus une salle de rédaction, mais vingt. Les journaux sont devenus de véritables submersibles à compartiments étanches où le rire est d'autant moins communicatif que l'on y vit séparés les uns des autres. A la place d'un rédacteur en chef, il y en a cinq, dix, quinze, si l'on ajoute les adjoints.

« Au temps des clubs a succédé l'entreprise industrielle avec ses comités, ses commissions, ses conférences, ses conseils, ses directoires. Il y a même des commissions de déontologie (très peu de gens savent ce que c'est, mais " déontologie " fait bien). Or... dites : " structures " et " déontologie ", et déjà le rire est parti. »

Le langage peut-il exercer des effets morphologiques ou caractériels ? C'était l'opinion d'un humoriste de l'époque[1]. Certains sociologues fort sérieux (en existe-t-il de comiques ?) s'en étaient divertis à ses dépens. Notre homme — qui avait déjà prétendu que, dans certaines entreprises, les bras droits du patron singeaient ses tics — n'allait-il pas jusqu'à affirmer qu'un individu qui passait sa journée à mâcher du schéma et de la compétitivité, avait la langue chargée et les zygomatiques raidis ?

« C'est un peu fort », disaient les experts.

Ils eussent mieux fait de dire Chamfort, car à l'instant où l'humoriste, troublé par la réaction des professeurs, était prêt à admettre ses extravagances, le hasard le fit tomber sur une phrase de Chamfort qui, par la folie, lui donnait raison :

1. Il s'agit apparemment de l'auteur d'*Un certain Monsieur Blot*. En tout cas la ressemblance est grande.

« Quelques folies qu'aient écrites certains physionomistes de nos jours, il est certain que l'habitude de nos pensées peut déterminer quelques traits de notre physionomie. »

L'estimation de Chamfort mit son lecteur dans la joie, puis le plongea dans la perplexité : à avouer qu'il ignorait les *Pensées et Maximes,* il eût passé pour inculte ; à dire qu'il les connaissait, il eût semblé plagieur. Il opta pour la franchise du béotien. Les sociologues n'en furent aucunement confus. Pourquoi l'eussent-ils été ? Chez les intellectuels comme chez les politiques, la meilleure manière d'avoir raison, c'était, d'abord, d'avoir eu tort.

❁

Quels que fussent les records de sériosité des Français, ils n'en possédaient pas l'exclusivité. Le rire semblait peu à peu disparaître de la surface de la terre.

Un célèbre humoriste américain [1] consacrait une de ses chroniques à *ce jour de 1985 où l'on avait vu pour la dernière fois rire un Américain.*

Et, dans le *Sunday Telegraph,* Robert Dou-

1. Art BUCHWALD, dans l'*International Herald Tribune.*

gall, longtemps présentateur à la télévision B.B.C., se demandait pourquoi les Anglais, hypersécurisés, étaient devenus *une société aigre-douce, morose, envieuse, désenchantée, alors qu'ils avaient supporté la dépression, la guerre, les bombardements, les privations, avec une souriante sérénité.*

Le mal était donc universel. Pourtant, les Français, là comme ailleurs, se devaient de tenir une « place unique » dans la compétition du sérieux. Ils savaient mieux que les autres mâtiner leur langage d'une pointe de catastrophisme : un chanteur faisait un *malheur,* un chapeau était *atroce,* une jolie fille était *terrible.*

La vague de catastrophisme emportait avec elle jusqu'à l'humour des fantaisistes. L'un d'eux confessait :

« Mes deux mariages ont été des catastrophes. Ma première épouse est partie et la seconde est restée. »

Pourtant, si cela peut paraître beaucoup, c'était encore peu, car ce n'était pas tout.

❀

Le bonheur ne se chiffre pas en minutes de rire ou en nombre de machines à laver. Tout de même... avec cent cinquante jours de vacances par an, vingt-six millions de voitures, trente millions de postes de télévision, quarante millions de réfrigérateurs, quinze millions de résidences secondaires, un ravitaillement sans égal, une table sans concurrence, une liberté totale de parole, d'écriture, de déplacement, un pays béni des Dieux, et surtout épargné par la guerre depuis plus de quarante ans — les Français de 85 pouvaient être considérés par le monde comme l'un des peuples les plus heureux de l'univers. Par le monde oui ; pas par eux.

Il était tout à fait exceptionnel d'entendre un Français dire « Je suis heureux ». Ce genre d'aveu eût choqué. Au maximum « on faisait aller », « on se défendait ».

Quant au fait que leur métropole vivait une période de paix presque aussi longue que « l'âge d'or » traversé par leurs proches ancêtres entre 1871 et 1914 — ils n'y pensaient guère. Pourtant, s'il était question de bonheur, c'était toujours celui qu'on avait laissé échapper (« On était heureux et on ne le savait pas ! »). On pleurait 1900 sans penser aux approches de la guerre ; les années 20 sans penser au krach de 29 ; les années 30 sans penser à la naissance du nazisme et à la débâcle.

La nostalgie du passé — même si on ne l'avait pas connu — semblait élevée à la hauteur d'un culte : ce n'était qu'hymnes filmés, chantés, racontés, à la gloire de la Belle Epoque, du french-cancan, des crinolines, de ce temps où il y avait des messieurs qui achetaient des melons uniquement pour le plaisir de les pincer entre le pouce et l'index s'ils croisaient une dame.

Mis aux enchères, le vieil escalier de la tour Eiffel rénovée se débitait à prix d'or (100 000 francs pour 7,40 m). Rien n'était plus chic, pour aller à Venise, que de prendre les wagons laqués de l'Orient-Express. Les courses de vieilles voitures faisaient florès. « Montmartre existe : je l'ai rencontré », écrivait un journaliste dont le nom nous échappe, mais de telles choses ne s'inventent pas. Et l'on ne saurait passer sous silence les raouts que le gouvernement socialo-communiste offrait aux Grands de ce monde, à Versailles, avec valets habillés à la française et musiciens en perruques.

Quand ils ne « désespéraient pas Billancourt » — admirable formule de style rétroactif — les Français pleuraient les Halles défuntes, ou telle ferraille nouillesque qu'ils ne se donnaient pas même la peine de regarder quand elles étaient debout. C'était le propre de ce caractère condoléancier, tellement enclin à laisser passer le bonheur du jour que, par nostalgie, il en avait fait un meuble. Les hommes politiques manquaient-ils d'esprit (notons en passant que l'on ne disait plus de quelqu'un « C'est un homme d'esprit » ou « Elle est très spirituelle », mais plutôt « Elle est très drôle » ou « C'est un marrant ») ? Avait-il disparu avec les titis, leurs lazzis et les triporteurs ? En tout cas le « discours » des politiques, farci de convergences, de moyen terme et de dédramatisation, était en général sinistre. On s'amusait franchement moins à l'Assemblée nationale qu'à la Chambre des députés.

Il est vrai que le président de la République, M. Mitterrand, avait — sans le vouloir ? — donné le ton.

Un homme jusque-là heureux de vivre, de bonne compagnie, aimant le tennis, le golf, l'écriture, la campagne, la bonne chère et qui, après cinquante-sept ans de patience, d'impatience, de combat, parvient à la magistrature suprême — n'est-il pas en droit de goûter le plus grand bonheur, la plus souriante sérénité ?

En aucune façon. A peine le suffrage universel l'avait-il porté à l'Elysée qu'on le vit disparaître dans toutes sortes de panthéons et de cimetières. On crut même un instant qu'il n'en sortirait plus et qu'il allait créer un secrétariat d'Etat à la gestion des nécropoles. Loin de refléter l'allégresse, son visage était plus sombre que jamais. On lui eût envoyé des condoléances. Il se les fit adresser lui-même en prêtant son concours à la réalisation d'un somptueux album de photos dont le préfacier écrivait que l'auteur était « moins attentif au côté conventionnel du métier de chef d'Etat qu'à son aspect inexorablement tragique ». Un critique précisait que le photographe s'était « complu à embaumer son héros dans les linges d'un ciel toujours gris, d'une forêt toujours noire[1] ».

En pénétrant dans tant de sépulcres, le président de la République ne faisait peut-être que se laisser aller au vertige quasi nécrophile qui s'était emparé du monde. A entendre les dithyrambes qui inondaient les catafalques de Mao, de Tito, de Sartre, de tant de personnages violemment attaqués de leur vivant, on était obligé de constater qu'il n'y a rien de tel que la mort pour vous remettre d'aplomb.

Jamais, par exemple, Mendès France n'avait reçu, pendant qu'il gouvernait, de tels éloges ;

1. Jean BOTHOREL, *Le Figaro*, 28 décembre 1983.

jamais son action n'avait été illustrée avec autant d'éclat ; jamais les journaux ne lui avaient consacré autant de pages. Seuls de mauvais esprits, voyant le Grand Prêtre des cérémonies célébrer sa mémoire, pouvaient supposer qu'il nourrissait le secret espoir de se voir un jour renvoyer l'ascenseur pour l'éternité. Mais il gardait sur son bureau l'image de son ultime demeure.

❀

La cataracte des louanges posthumes tombait presque autant sur les roitelets que sur les Grands. En 2100, cela reste vrai : rien de tel que la mort d'un patron pour que des gens disent de lui qu'il n'avait jamais commis une mauvaise action, qu'il ne comptait que des amis et que, sous des dehors parfois bourrus, il cachait un cœur d'or. A voir tant de qualités énumérées, le défunt n'en reviendrait pas. Saki n'avait pas tort quand il disait qu'il y a des hommes que la mort améliore considérablement.

Encore ne prévoyait-il pas les cas — exceptionnels — où l'on serait enterré vivant. Ainsi cette jeune Roumaine, étoile de la gymnastique, qui, n'étant plus à 17 ans ce qu'elle était à 14, et coupable d'avoir pris six kilos en trois ans, avait vu la grande famille du sport porter son deuil de telle sorte (« idole déchue », « fin d'une reine », « petit elfe à jamais disparu ») que tous les records de démesure étaient battus.

Il s'agit là seulement d'hommes d'Etat, de grands patrons, de vedettes sportives. Mais, en descendant plus bas dans l'échelle sociale de la mort, on ne pouvait nier qu'il y eût des cérémonies plus ou moins brillantes. Tout le monde n'avait pas « un bel enterrement », à l'image de ce vieux Parisien connu pour ses frasques. Quoique le ménage ne fût pas exemplaire, un ami s'étonna de ne point voir la veuve aux obsèques de son mari défunt (obsèques... défunt... on voit qu'il s'agissait d'un homme hors du commun). Il lui téléphona pour savoir si elle n'était pas souffrante :

« Pas du tout, lui dit-elle. Mais comment serais-je venue ? J'étais beaucoup trop en deuil pour assister à une cérémonie mondaine ! »

❀

On pourrait croire qu'en passant de la mort et de ses fastes à la vie, combien plus terne, de la ville ou de la campagne, l'air devenait plus respirable. Erreur : venant des gens aisés ou des moins argentés, ce n'était qu'un chœur de lamentations, de récriminations, de soupirs. « Enfin !... On verra... On verra bien... Dieu sait ce qu'ils vont encore trouver... Ah ! la la la la ! »

S'il y avait eu un tournoi mondial des soupireurs, les Français seraient montés sur la plus haute marche du podium.

Que l'un des peuples les plus heureux de la terre, qui entretenait grassement dix millions de chiens et sept millions de chats, se prétendît le plus malheureux du monde, était d'autant plus étonnant qu'il n'y avait pas de jour où la télévision ne lui montrât plus malheureux que lui : évadés du Sud-Est asiatique bravant pirates, tempêtes et requins pour échapper à l'oppression ; savants ou écrivains soviétiques condamnés pour délit d'opinion à dix ans de camp à régime « sévère » ; victimes déchiquetées de bombardements ravageurs ; suppliciés, excisées, flagellés... toutes ces images insupportables ne semblaient les impressionner qu'un instant, entre le fromage et les fruits.

On eût juré qu'ils n'avaient aucunement conscience de vivre dans une des dernières cours de récréation du monde alors qu'en d'autres lieux on était envoyé en camp de rééducation comme eux-mêmes envoyaient leurs enfants en colonies de vacances.

Si les termes de loisirs et de camps sont venus, tout proches, sous notre plume, ce n'est sans doute pas l'effet du hasard ou de quelque insolence : les heureux bénéficiaires d'une des rares démocraties de la planète appliquaient à leurs menus plaisirs, leurs vacances, leurs modes, le vocabulaire des régimes totalitaires.

Il y avait trop de monde sur une plage ? C'était *le goulag.* Un curiste trouvait-il quelques difficultés à trouver son chemin dans le labyrinthe d'un établissement thermal ? C'était *le Mur !* Les concurrents d'un championnat de golf avaient-ils à lutter contre le vent ? C'était *l'enfer !*

Un reporter estivalier interrogeait sur la côte d'Azur un baigneur tout bronzé, bien en chair, pour avoir son avis sur les effets de la hausse des prix :

« Regardez, disait le vacancier, je suis obligé de déjeuner avec une niçoise.

— C'est dur... » observait le journaliste.

Et notre baigneur de renchérir — si l'on ose écrire :

« Oui, c'est dur ! »

❀

On ne pouvait faire grief aux Français de ne point penser sans arrêt aux nations si proches où le délit d'opinion était passible de prison. Il arrivait, tout de même, qu'un citoyen de ces pays, autorisé à passer quelques jours à Paris, s'étonnât de leurs lamentations :

« Mais enfin... Vous pouvez faire ce que vous voulez... Vous n'avez pas besoin de demander une autorisation pour déménager... Vous pouvez acheter au kiosque le journal de votre choix... Vous pouvez sortir de votre pays sans visa, avoir à profusion viande, café, fruits... Vous pouvez même manifester en toute liberté dans la rue contre le gouvernement... Applaudir qui vous voulez !

— C'est bien le moins...

— Non, c'est le plus... Tenez, avant de pouvoir venir ici, moi aussi, je suis descendu dans la rue.

— Ah ! vous voyez !

— Oui, mais c'était sur ordre. Tous les locataires devaient descendre et stationner dans l'avenue des Républiques-Populaires pour applaudir le chef de l'Etat, de retour de Moscou. On nous avait distribué des petits drapeaux, comme à des enfants. »

« Possible, songeait ensuite le Français, mais enfin nous ne sommes ni Tchèques ni Roumains ! »

Comme si la Providence lui avait conféré, à titre de droit inaliénable, garanti par la Sécurité sociale, le privilège de vivre libre et indépendant. (Il ne serait pas assez naïf pour se laisser imposer ce genre de régime.)

❁

Tout cela peut paraître extraordinaire. Mais il y avait plus extravagant encore.

Multipliant les mesures de prudence, d'assurance, de sécurité, n'ouvrant plus la porte de leur domicile qu'avec un code chiffré, sécurisés à outrance en voiture, sur la neige, en voyage, dans l'eau, au point de chercher un responsable aux catastrophes naturelles et de parler des « Alpes homicides » ou de « la route qui tue », comme si l'alpiniste ou le conducteur rejetaient d'avance toute faute, ces gens qui redoutaient le vol, le viol, l'agression, l'explosion, l'effraction, n'aimaient rien tant, pour se distraire, que se faire peur en voyant, au petit ou au grand écran, des films où les habitants d'un gratte-ciel en feu se jetaient par les fenêtres ; où des gangsters crevaient le plafond d'une chambre forte ; où des individus masqués de soie martyrisaient un couple dans un manoir isolé ; où des monstres venus d'une autre planète prenaient dans leurs griffes des nymphes surprises nues dans leur bain — quand ce n'était pas, simplement, l'apocalypse d'une guerre nucléaire décrite avec tant de précision que la prochaine serait du déjà vu.

Un reporter avait-il eu la « chance » — un *scoop* — de filmer l'attentat qui devait coûter la vie à un homme politique lors de sa descente d'avion, ou le capotage d'un bolide de Formule I ensevelissant le pilote dans son cercueil d'acier en flammes ?... La télévision passait la scène sanglante prise sur le vif — ou sur le mort —, la repassait au ralenti, puis, une troisième fois, en « plan-séquence ».

Toujours soucieuse d'exclusivité, la télévision française ajoutait aux désastres une note d'autant plus réconfortante qu'elle était musicale. On ne laissait personne solitaire devant le spectacle de la désolation. Il existait tout un assortiment de fonds sonores qui accompagnaient aussi bien la vue d'une catastrophe ferroviaire, avec enchevêtrement de wagons calcinés, que le survol de terres ravagées par un raz de marée.

Petites musiques funèbres dûment comptabilisées par le service de répartition de la S.A.C.E.M., qui en recueillait pieusement les droits. Un compositeur, spécialisé dans le sinistre, se faisait ainsi 77 francs pour dix secondes de blizzard et 447 francs pour une minute d'inondation.

Existe-t-il un autre pays au monde où, à la faveur de calamités, des musiciens parviennent, en catastrophe, à joindre les deux bouts ? Ici, c'est à leur portée.

Il en existait pourtant un qui surpassait la France en extravagance ; c'était là son Royaume, comme celui du gazon et du gazouillis. Nous voulons parler de celui des Anglais, restés plus doux et polis que les Français, mais qui n'en étaient pas moins arrivés à se mitonner, dans un confortable hôtel de campagne, des « week-ends meurtriers ». Il s'agissait, pour la clientèle de l'hôtel organisateur, d'identifier l'auteur d'une strangulation ou de quelque tuerie par balles, auxquelles elle assistait de *visu et auditu,* grâce à une troupe de comédiens spécialisés, le détective de service étant chargé de mettre les spectateurs sur la voie — ou de les induire en erreur. *Charming !*

❋

Ainsi, de vieilles démocraties qui possédaient, avec la paix, le bien le plus précieux, le dilapidaient en consommant de la violence à haute dose, tout comme elles dilapidaient leur langue ou leur élégance.

Les catastrophes les plus diverses étaient tellement devenues un spectacle que les « médias » qualifiaient un épouvantable accident de la route de « spectaculaire », sans que le qualificatif surprît.

Comment s'étonner, dans ces conditions, que l'auteur d'un attentat, loin de rester silencieux, prît comme premier soin d'alerter la presse pour le « revendiquer » ?

On s'était habitué, jusque-là, à revendiquer un territoire, un droit, un record. Maintenant, la revendication d'un crime terroriste était devenue coutumière au point que, si un forfait commis à l'aube n'était pas revendiqué à midi par un coup de téléphone, on semblait désorienté.

❋

A la fin du xxe siècle, des experts, des psychologues, des sociologues, et même des hommes tout court, ne cessaient de chercher les causes de la violence dans le chômage, la licence des mœurs, la drogue, l'hostilité contre le pouvoir, l'aversion de la société, l'influence du cinéma.

Ce n'est qu'au bout d'un demi-siècle de réflexion qu'un groupe de chercheurs (un chercheur seul, même s'il trouve, ne saurait avoir le poids du groupe) en trouva la véritable raison. Certains, sans doute, y avaient déjà pensé ; mais comme cette explication ne flattait guère le genre humain, ils s'étaient abstenus de l'énoncer. Elle était très simple : beaucoup d'hommes, au bout de très peu de temps, ne supportaient plus la paix. Ils en tombaient même malades. Après la guerre de 14-18, ils ne lui avaient même pas laissé le temps d'atteindre sa majorité pour lui tordre le cou. En 1984, ils la saccageaient encore par tous les moyens.

En somme, il y avait perpétuellement sur la terre un nombre considérable de bagarreurs, mercenaires, casseurs, nostalgiques des missions impossibles, agitateurs professionnels, amateurs de hold-up, auxquels le train-train de la vie quotidienne donnait la nausée.

Ce fut en 2060 que, mettant à profit une paix générale, le Conseil de Sécurité créa des guerres artificielles : à tous ceux qui ne pouvaient apercevoir une chambre forte sans avoir envie de la faire sauter ; à ceux pour qui l'absence de citations avec palmes rendait le monde désert ; bref à tous ceux qui traînaient avec eux le spleen du combat, de l'explosion, de la mitraillette, seraient dévolus des Territoires Réservés où ils pourraient libérer leurs plus sanguinaires instincts sans que l'ordre public en souffrît dans le reste du monde.

On ne serait jamais parvenu à cette solution sans le concours de certaines nations propriétaires d'immenses domaines hostiles et inhabités, tel que les déserts du Kalahari ou de Gobi, une portion de la forêt amazonienne, une partie du Groenland et de la Nouvelle-Guinée.

Ces jungles hostiles, ces immensités glaciaires, ces déserts torrides, allaient constituer autant de lieux enchanteurs pour les têtes brûlées et les anciens combattants de naissance.

Non seulement on y avait déversé les surplus des différentes armées — bombes atomiques exclues — mais les stratèges du Conseil de Sécurité avaient veillé à diviser en zone bleue et zone rouge les Territoires Réservés de façon à ce qu'il y eût toujours une frontière à violer. (On notait une tendance plus marquée pour le rouge, tant il est vrai que cette couleur exerce des attraits sur les enfants et les militaires ; mais les sélectionneurs s'en tenaient strictement à la loi des quotas, sans le respect de laquelle le combat n'aurait plus été convenablement équilibré.)

Rien ne manquait à la panoplie de la guerre ou de la violence — rien ne manque puisque les Territoires Réservés existent toujours — ni les ultimatums, ni les armistices, ni les traités de non-agression, ni les proclamations, ni la dégradation, ni les conventions entre les gangs rivaux

Rien — jusqu'à ces Maisons de Retraite de Choc, situées aux confins de la ligne de feu, sans aucune protection contre les bombardements.

Les vétérans de la violence y vivent, dans un décor d'apocalypse et un feu d'artifice permanent, la retraite accélérée de leurs rêves, sans autre visite que celle des obus, schrapnells et bombinettes ; parfois des infirmières qui font face.

C'est la fête. Une fête sans trêve ni repos, une fête pleine d'éclats, où l'heure de la dernière chance sonne plusieurs fois par jour.

A bien y réfléchir, les Territoires Réservés n'étaient que l'application, à l'échelle planétaire, des « week-ends meurtriers » d'outre-Manche.

Leur utilité et leur succès demeurent tels de nos jours qu'on parle d'en créer d'autres, pour les fous de la vitesse et les obsédés de la drogue.

II

DU LANGAGE EN GÉNÉRAL ET DU DISCOURS AMOUREUX EN PARTICULIER

Déménagement du vocabulaire. — Son encanaillement. — De l'amour-con. — La France en équations. — Grandeur et décadence des intellectuels. — Une obscure clarté.

Voilà un siècle environ, il y eut en France un tel déménagement de vocabulaire qu'au moment où l'on franchissait quatre mille kilomètres en trois heures on pouvait se dépayser aussi bien, et plus vite, en restant sur place : de tous les voyages, celui des mots était le plus impressionnant.

Si un citoyen, disparu en 1930, avait réintégré sa patrie, il y eût perdu son latin — que l'on ne pouvait plus perdre, faute de l'avoir appris. Le monde, disait-on, était en « perpétuelle mutation », comme si, jusque-là, il n'avait pas bougé. Comment nier, d'ailleurs, l'étendue des progrès ? Pas seulement pour la mutation, naguère réservée aux affectations militaires ou préfectorales, et qui s'étendait maintenant à toute chose. Car tout avait changé. Par exemple, on n'arrêtait plus personne : on interpellait. Autrefois, on interpellait un orateur à la Chambre. Comme il n'y avait plus ni Chambre ni orateur, on interpellait les malfaiteurs.

Les malfaiteurs ou la conscience. A l'exemple de Sartre dont on disait qu'il avait « interpellé toute une génération » (dommage qu'il n'ait pu employer le terme lui-même), le porte-parole de l'Elysée, qui avait provisoirement raccroché son stylo d'écrivain, déclarait en parlant d'un attentat sanglant : « Cette mort soudaine a interpellé notre conscience. » Et certains commentateurs d'aller jusqu'à dire d'un crime qu'il avait « interpellé » le pouvoir. Ohé !

Puisque l'on avait fait un sort à interpeller, il importait de trouver un emploi à appréhender, dont il eût été trop simple d'user pour la capture d'un gangster. Jeu d'enfant pour une société qui vous tournait et retournait les mots comme des manteaux et qui, ayant depuis longtemps « appréhendé les problèmes », disait tout naturellement d'un peintre qu'il « appréhendait avec talent le monde des nénuphars ».

On aurait pu affirmer aussi bien de cet artiste qu'il les privilégiait puisqu'en ce temps où il n'était question que de l'abolition des privilèges, « privilégier » faisait florès. On ne préférait plus, on n'avantageait plus, on ne choisissait plus — on privilégiait : les beaux-arts, les huîtres, la littérature. Une nouvelle librairie s'installait-elle à Paris ? Elle annonçait dans son catalogue *deux objectifs privilégiés :* favoriser l'ouverture et le dialogue des civilisations. Vaste programme... Encore n'était-ce là que peu de chose, car on arrivait à privilégier le mal : à propos d'un film tiré des *Hauts de Hurlevent,* un critique n'hésitait pas à dire qu'il y régnait « un climat de malédiction privilégiée ». La réalité ne le cédait en rien à la fiction : un manifeste antiraciste, prenant la défense de « l'étranger accusé de tous les maux », le qualifiait de « bouc émissaire privilégié », et, à l'occasion d'un congrès international de psychiatres, on apprenait que « l'U.R.S.S. utilisait l'internement psychiatrique comme un moyen privilégié de lutte contre la dissidence ».

De l'abus des privilèges en pays communiste...

❁

Faut-il se garder d'attacher une importance excessive à l'influence des mots sur l'évolution et le comportement de la société ? Nous ne le pensons pas. Ce sont les mots qui, souvent, font les révolutions. C'est avec des mots que l'on change de régime. C'est avec les mots-clefs de « peuple souverain » que les régimes totalitaires cadenassent leurs âmes. De quelques dizaines de mots sont nées des centaines de guerres.

Mais laissons là ces cas extrêmes. Il n'est meilleur miroir de la société que le langage. « Dis-moi quels mots sortent de l'enclos de tes dents, écrivait Homère, je te dirai alors qui tu es et l'état de la société où tu vis. »

Homère nous conforte : il est le premier à considérer qu'un homme qui baigne tout le jour dans les perspectives macro-économiques et le pluridimensionnel ne saurait avoir le bouchon — ou l'enclos — à la rigolade.

❀

Dans les années 60, déjà, les mots avaient commencé à voyager beaucoup. C'était l'époque où il était bien porté de se situer dans un cadre, ou sous un signe. Mais ce n'était encore là que balbutiements de néophytes.

Ignorant encore l'*au plan* et l'*au niveau*, ils

faisaient leurs choux gras du *contexte* sans se douter que celui-ci allait prendre très vite un coup de vieux.

On ne savait pas, alors, s'abandonner aux délices de la connotation et du manichéisme, du tutorat et de l'irréversible. La politique n'avait pas de paysage, les partis pas de clivages. La rigueur, encore réservée aux arrêts ou au style, n'avait fait son entrée ni aux Finances ni dans la haute couture. Les gens se parlaient sans savoir qu'il s'agissait de communication ; entendaient sans se rendre compte qu'ils étaient à l'écoute ; s'amusaient sans avoir conscience du côté ludique de la chose. Ils ne ciblaient pas, ils ne globalisaient pas, ils ne paniquaient pas. Ils n'étaient ni stressés, ni cools, ni branchés. Ils mûrissaient sans goûter le plaisir de s'éclater et finissaient par mourir sans avoir eu de vécu.

On n'avait pas, vraiment, déménagé, ce terme devant être pris dans son sens le plus fou : non seulement le sens des mots s'égarait, mais l'aliénation, échappant aux hôpitaux spécialisés, gagnait la population entière, qui apprenait soudain qu'elle était aliénée dans l'une ou l'autre de ses capacités.

A en juger par l'extraordinaire fréquence de la formule : « *C'est dingue quoi ! c'est dingue, non ! ?...* », on eût été en droit de se demander si la France n'était pas devenue une nation de 53 millions d'aliénés.

Pourquoi, du reste, se le demander ? Cette époque n'était pas aussi folle qu'elle en avait l'air : elle l'était davantage.

Habiles à compliquer la langue la plus claire du monde, les Français n'en avaient pas moins réussi à supprimer la complication en faisant fleurir la sophistication. On sophistiquait tout, depuis les sacs à main jusqu'aux missiles intercontinentaux. Le terme avait perdu son sens mais il faisait plaisir.

Après tout, on avait quelques excuses. La logique n'inspire pas toujours la langue de Descartes : un pays qui fait quinze jours de deux semaines et où il suffit à un automobiliste d'en percuter un second pour que celui-ci devienne un tiers, n'était-il pas de nature porté à faire du succès un tabac et du malheur un triomphe ?

D'ailleurs, si beaucoup de gens détraquaient la langue à plaisir, on en trouvait aussi qui cherchaient à la remettre à l'endroit. En France on trouve toujours le contraire de ce que l'on vient de découvrir.

Tandis que sur les bords de la Seine, assemblés au chevet du français menacé, de savants docteurs discutaient du sexe des effluves — féminisés par Verlaine — et qu'un honorable membre de la Compagnie provoquait un tollé en faisant valoir, avec Gide, qu'un *par contre* pouvait avoir sa revanche (« *Mes neveux sont revenus sains et saufs de la guerre ; en revanche, mes deux fils ont été tués* ») — à deux pas de cette docte assemblée, un hypermarché, avec son lavauto, délivrait des tickets horodatés, et, sur le quai, un panneau annonçait depuis trente ans BATEAUX-MOUCHES, sans qu'aucun édile n'eût pensé à faire sauter ce singulier pluriel.

Ainsi allaient les choses : toute une nation, flattée d'entendre dire qu'elle avait la plus jolie langue du monde, l'envoyait à la casse à grands coups de bagnole, de bouffe, de pub, de ras-le-bol — et une poignée de modernes Diafoirus, auxquels la moindre « panacée universelle », le moindre « impératif catégorique » chauffaient l'oreille, administraient au français des clystères xénophobes. Brandissant leurs foudres contre *parking, week-end,* ou *pin up,* ils vouaient aux gémonies l'envahisseur qui leur avait naguère permis de retrouver la liberté d'expression, sans attribuer la plus petite responsabilité à l'ennemi de l'intérieur.

Même si un anglicisme aussi inconscient qu'incongru conduisait le fanatique d'un club provincial à afficher courageusement ses opinions sur la vitre arrière de sa voiture : « JE SUPPORTE LE BASKET AU C.S. BETTON [1] », était-ce une raison suffisante pour expliquer un tel ostracisme ? Etaient-ce les Anglo-Saxons qui incitaient les Français à dire « *Ma fille veut faire danseuse* » ? Etaient-ce les Américains qui leur faisaient prononcer « *c'é abominable* » ? Etait-ce l'Etranger qui les obligeait à téléphoner *depuis* Marseille ? Qui donc les inclinait au penchant du soit-soit : « Soit il viendra chez moi, soit j'irai chez lui », alors qu'un ou-ou eût suffi ?

Pourquoi se lamenter ? N'était-ce pas là une façon de respecter la tradition de la contradiction ? De même qu'il est dans la nature des Français de faire surgir le Sacré-Cœur après avoir bâti Notre-Dame, d'acclamer à quelques jours de distance le roi et la république, Pétain et de Gaulle — on peut aussi bien admettre

1. Cité par Tanguy KENEC'HDU, dont le seul nom fait foi, dans *Avatars du français*, Tequi.

qu'ils puisent dans le même sac de mots le jaspe et le vagin, Brocéliande et les fausses couches.

❃

Ces évidences faites (à regret), il faut bien reconnaître qu'en 1985, le relâchement du langage atteignait des sommets. Il aurait même été notable chez les enfants s'il y en avait eu encore. Mais il n'y avait plus que des gosses, des lardons, des gniards.

L'un des plus fidèles chroniqueurs de l'époque, Chausson de Luzignac, rapporte ainsi une scène estivale dont il a été témoin sur une petite plage bretonne :

> *« Face au Grand-Bé et à la tombe de Chateaubriand des enfants s'ébattent. Que dis-je ! Je retarde : je devrais écrire des gosses. Leurs parents me rappellent aux usages :*
>
> *« — Fulvian, nous fais pas chier !*
>
> *« On attendait tout d'un Fulvian, sauf ça. Les prénoms, trompeurs (Thierry, Bruno, Hervé — pas un seul Pierre, pas un Jean*[1]*), sont plus choisis que le langage. Tandis que*

1. Le narrateur aurait été surpris de voir ces deux prénoms revenir à la mode quelques années plus tard.

Fulvian, sur les rochers, s'entête à tenir quelque chose que je ne distingue pas et qui ne doit pas être distingué, le père continue à crier :

« — Fulvian, lâche-moi ça ! C'est dégueulasse ! Regarde, non mais regarde-moi ce p'tit con !

« A quelques mètres de cette famille, des Anglais, venus à Saint-Malo par les Brittany Ferries, *qui, comme leur nom l'indique, sont une compagnie purement bretonne. Eux aussi ont des enfants, peut-être ici pour perfectionner leur français. A coups de merde, chier, putain, je serais curieux de savoir ce qu'ils auront récolté de français courant une fois franchi le Channel. D'autant que le père du Fulvian-nous-fais-pas-chier a trouvé moyen, entre deux mecs et un dingue, de placer un niveau quelque part. Extraordinaire pouvoir d'imprégnation du vocabulaire dernier cri*

« Fulvian a fini par lâcher le morceau. Le père l'a rejoint sur les rochers et tient à alerter la plage en criant à sa femme :

« — Viens ici, c'est plein d'trucs très chouettes !

« La mère se lève, emmenant un autre marmot. Toutefois, pour que nous ne nous

sentions pas seuls, elle a laissé son transistor allumé. Sûrement des Parisiens, me dis-je. Je constate pourtant — cette « plagiste » étant allée chercher quelque chose dans la voiture proche — que ce ne sont pas des 75, mais des 22. J'en suis comme soulagé. Je ne m'en demande pas moins ce que doit penser François-René, dans son éternelle solitude du Grand-Bé, de cette dilapidation de la langue. »

Chausson de Luzignac en est à se demander si les enfants parlent comme leurs parents ou si leurs parents, à coup de *chouette* et de *super*, parlent comme des enfants, pour ne pas avoir l'air *ringard* (*Ne pas avoir l'air de* étant — et demeurant — un des constants soucis du Français).

Mais laissons encore une fois la parole à notre témoin. Il est revenu à Paris :

« J'étais immobilisé dans une avenue avec une centaine d'automobilistes, ignorant qu'une manifestation provoquait l'encombrement. Vient à notre rencontre un piéton qui, se cognant le front de l'index, nous crie :

« " Vous êtes cons ou quoi, merde ? "

« Ce méchant langage exprimait une bonne

intention : “ N’allez pas par là ! Vous ne passerez pas. ” Il suffisait de traduire. Aucun désir de choquer, aucun rapport avec certains invités de la télévision qui tiennent avant tout à faire un éclat. Habitués à faire leur numéro, au restaurant ou ailleurs, pour quelques témoins, ils profitent du phénoménal amplificateur pour “ exploser ”.

« Mieux vaudrait dire déranger, car déranger, hier réservé aux dérangements ordinaires, s’applique aujourd’hui à tout créateur qui pénètre par effraction dans un for intérieur bourgeoisement garni. Quand on dit d’une œuvre qu’elle dérange, c’est gagné.

« C’est donc à qui dérangera le plus : tel écrivain célèbre en évaluant à dix mille le nombre de femmes qu’il a eues (quel tirage !) et en révélant ce qui se passe sous son pantalon ; tel obscur comédien en déclarant. “ Je vais dire quelque chose d’énorme ” sans rapport avec l’exploit précédent : une simple pique à l’adresse d’une vedette. Vedette, tout le monde le devient, même le public ; un jeune Africain aborde une actrice dans la rue et lui lance : “ C’est bien moi qui t’ai vue hier à la télévision ? ” »

Les notes de Chausson de Luzignac montrent combien l'encanaillement s'était généralisé. Nous ne parlons pas seulement du mot de Cambronne qui, en plein dîner *(Cette femme m'emmerde !)* passait comme une lettre à la poste — signe d'affranchissement total. Le philosophe, le peintre, le romancier, interrogés dans le style décontracté — *Ecrire, pour vous, c'est quoi ? Vous avez trouvé ça comment ?* — à leur tour parlaient gros bébé, petit bêta *(plein d'trucs... très chouette... vachement sympa)*, s'efforçant à ne faire aucune de ces liaisons dangereuses qui auraient pu leur donner un air de droite, pour ne pas dire gauche, et faisant avancer la conversation à petit *bon (bon..., disons..., si vous voulez)*, le *bon* étant devenu une sorte de virgule respiratoire.

❁

Les bourgeois ne voulaient surtout pas paraître bourgeois. Il importait de faire peuple, même si c'était faire injure à ce peuple devenu plus bourgeois que nature. Un savant, félicité de ses recherches, déclarait : « J'ai fait mon boulot. » Si l'on s'était ennuyé, mieux valait dire que c'était franchement emmerdant, voire chiant ; d'un texte qu'il était merdique.

On pourrait presque étendre ce pathologique souci des apparences à l'amour. On le faisait sans doute, sinon nous ne serions pas là. Mais on en parlait peu. On entendait même très rarement un homme avouer : « Je suis amoureux », comme si cela eût été « dépassé ». La nation qui aimait à se dire la plus galante de l'univers et qui, grâce à son fameux rayonnement, avait diffusé le baisemain à travers le monde — Anglo-Saxons exceptés — ne faisait même plus la cour. Un « Je vous aime » eût paru aussi désuet que parler de l'Alhambra en revenant de Grenade. Quant à mourir d'amour, ou de langueur, aucune gazette de l'époque, aucun fait divers ne rapportait ce genre de décès. La langueur même, devenue déprime, avait disparu de la littérature médicale. Il y avait bien un siècle qu'on n'avait vu quelqu'un mourir d'amour. C'eût presque été une « première ». Le désespoir subsistait, sans doute, mais le désespéré, à tout prendre, préférait en faire mourir un autre, une autre, voire plusieurs autres — avant de connaître l'indulgence que les tribunaux réservaient au crime passionnel.

Le discours amoureux lui-même (on disait

« discours » de n'importe quel bafouillage politique ou social : jamais il n'y avait eu moins d'orateur, jamais plus de discours) était devenu d'une saisissante concision.

A l'amour galant, à l'amour passion, à l'amour romantique, à l'amour courtois, avait succédé l'amour-con. Le mot peut paraître un peu bref, ou dru. Mais si l'on s'en réfère aux enregistrements conservés par notre musée du Langage, on est bien obligé de se rendre à l'évidence.

Voici un extrait de discours amoureux, style 80 :

L'homme : — Je vais te dire quelque chose qui va pas te faire plaisir : je t'aime !

La femme : — Quelquefois t'es trop con !

Sans insister à nouveau sur le côté « ne pas avoir l'air de... » (d'être remué par quelque chose qui vous bouleverse) on appréciera la distance sidérale qui sépare les protagonistes de l'amour-con de leurs ancêtres déclamant : *Un trouble assez cruel m'agite et me dévore* ou *Un seul être vous manque et tout est dépeuplé.*

Même si — exceptionnellement — un auteur de films ou de pièces se décidait à parler d'amour, il cherchait aussitôt à équilibrer ce terme vieillot par du concret courant. Ainsi, dans un film, une femme, apparemment incomprise de l'homme auquel elle révèle qu'elle attend un enfant, s'écriait : « Pour moi, c'est une preuve d'amour, pauvre con ! »

On était en droit de penser que, face à de tels raccourcis, une réaction surviendrait et qu'à ce temps de l'amour-con en succéderait un autre, où il ne serait plus complètement ridicule de se tuer pour une femme ou un homme, le mieux, tout de même, étant de ne point se tuer du tout. On avait pu croire, un instant, le virage amorcé avec les « nouveaux romantiques » — mais c'était une amorce mouillée, car aucun d'eux n'alla jusqu'à se supprimer. Cela prouve bien que le cœur n'y était pas.

Aux Etats-Unis, dès 1984, l'important magazine *Time* fit sa couverture en annonçant *Sexual revolution is over* (la révolution sexuelle est terminée). Personne ne savait exactement quand elle avait commencé, mais tout le monde comprenait qu'il était temps d'en finir. Pourtant, il aura fallu attendre 2100 pour que les audaces sexuelles de la fin du siècle dernier fassent crouler de rire les salles de nos cinémathèques. On en est revenu à un « discours amoureux » plus sobre et plus vrai. Rien là que de très logique. Nous voyageons dans le cosmos à des vitesses inconnues de nos prédécesseurs, mais les seuls transports qui restent tout neufs encore, quoiqu'ils aient beaucoup servi depuis Adam et Eve et n'aient pas changé d'un iota malgré l'invention de la machine à vapeur et du scenic railway, sont les transports amoureux. Ils ne méritaient aucun traitement artificiel.

❀

Pour le reste, les Français de 1985 étaient beaucoup plus évolués que leurs pères.

Ces proches aïeux, par exemple, ne comprenaient pas toujours les intentions de leur gouvernement, mais ils n'étaient pas à même de dire qu'ils les percevaient mal. S'ils avaient leurs raisons d'agir, c'était sans motivations. S'ils s'interrogeaient souvent, c'était sans pouvoir se remettre en question. Des questions, ils s'en posaient bien sûr, mais ils n'auraient pas su se dire « confrontés » aux problèmes (qu'ils ne s'étaient posés qu'en classe de calcul). Ils réussissaient, mais ne se sentaient pas performants. Ils échouaient mais n'étaient pas traumatisés. Ils n'étaient ni compétitifs, ni polarisés, ni marginalisés. Ils se disaient sûrs sans être sécurisés, conscients sans la moindre prise de conscience.

Ils manquaient d'adresse au point de ne pouvoir la donner sous forme de coordonnées. Ils ne connaissaient ni les charmes extensifs de la sophistication, ni ceux du coup par coup, et ils ne dressaient un constat qu'en cas d'accident. S'ils se sentaient parfois fatigués, c'était sans doute faute de ne pas savoir « mettre à plat » tous leurs problèmes. Ils faisaient partie de diverses classes sociales mais, encore sensibles aux pléonasmes, ils ne parlaient pas de catégories socio-professionnelles ni de la dignité de la « personne humaine ». Et ils ne faisaient appel au charisme ou au manichéisme qu'en cas d'extrême urgence.

On ne parlerait pas autrement de sous-développés incapables d'aspirer aux bienfaits de l'épanouissement.

❁

Encore n'étaient-ce là que des dehors — le costume de mots. Peu de chose, en vérité, par rapport à l'influence de la télévision qui avait tout bouleversé : les manières, les horaires, les mœurs. Interlocuteur intarissable, la télé en disait plus en un repas qu'en huit jours toute une famille — qui finissait d'ailleurs par ne plus parler (quand elle parlait, elle semblait tout imprégnée du vocabulaire télévisé — « Nous avons un petit problème avec Beyrouth au niveau du son » — contractant les « bon... disons... à la limite »... comme une grippe verbale).

Les gens se laissaient emporter par ce torrent de mots et d'images qui irriguait leur existence. Il ne s'agissait plus que de savoir si on avait vu Un tel à la télévision, si tel autre allait y passer ; si un troisième vous avait été sympathique.

On en aurait donc déduit que l'influence de la télévision était déterminante. Elle l'était. Mais, comme on était en France, elle ne l'était pas. En ce domaine comme ailleurs, la loi du paradoxe dominait. S'étant habitués à déjeuner ou à dîner face à des troupes d'enfants rachitiques errant dans le désert parmi les cadavres desséchés de vaches et de chiens, les téléspectateurs ne gardaient pas seulement bon appétit, mais, après avoir été témoin de tant de calamités, ils conti nuaient à ne pas s'arrêter sur la route pour por ter secours à un accidenté, ou à rester cloîtrés chez eux s'ils entendaient l'appel au secours d'une voisine. On ne sait jamais... Ça pouvait très bien être un film sur une autre chaîne.

Mieux valait n'y pas penser. C'était trop triste.

Le caractère des Français n'avait pas changé : ils étaient méfiants, secrets, susceptibles. Si la question leur était posée (surtout à la télévision) : « Combien gagnez-vous par mois ? », la réponse était aussi évasive qu'une fuite de capitaux, aussi vague qu'eût été précise celle d'un Américain. Un employé confessait-il son salaire ? Il ne manquait pas d'omettre les avantages — treizième mois, allocations, etc. — qui eussent arrondi le total.

Les Français étaient mal à l'aise avec l'argent, qu'ils en eussent beaucoup ou pas du tout. Ils entretenaient avec la fortune les mêmes rapports qu'avec l'amour. Ou ils étaient comblés — et ils faisaient envie. Ou ils ne l'étaient pas — et ils enviaient les autres. Un célèbre chanteur et comédien avait acquis d'emblée — en deux « prestations » télévisées — une immense popularité par ses propos politiques (d'autant plus qu'il s'était trompé de camp auparavant). Ses adversaires, ne sachant trop comment contrer un tel phénomène, le firent par le biais de l'argent : « C'est très joli cette indépendance d'esprit... mais... vous gagnez beaucoup ? »

Les citoyens restaient tout aussi hermétiques quant à la nature de leurs maux ou ceux de leurs proches, si du moins il s'agissait de dépression nerveuse, de cancer, d'un mal héréditaire. Il n'y avait guère que certains médecins qui, pour faire valoir l'importance de leur clientèle, quittaient leur patient en disant : « Maintenant, je m'en vais chez le président !... » — comme si une consultation présidentielle relevait du domaine public.

« Dans ma famille il n'y a jamais eu de tares !... », « Je n'ai de leçon de civisme à recevoir de personne ! », entendait-on toujours ainsi que le « Ma vie privée ne regarde que moi » dit, avec un haut-le-corps, par des gens qui se repaissaient, dans les gazettes, de celle des autres.

Autant de signes qui montraient que les Français n'avaient pas changé.

Erreur.

Il suffisait que l'on tende un micro à ces parangons de méfiance et de taciturnité, pour que loin de les paralyser comme une poire d'angoisse, cette banane agît sur eux comme une piqûre d'amphétamines.

Avant d'en arriver aux performances oratoires des ténors et au *strip-tease* psychologique provoqués par cet instrument, il est peut-être utile d'indiquer la gradation de son pouvoir.

Au cours élémentaire, l'alphabet de l'audace . à l'instant où le président de la République accueillait un chef d'Etat sur le perron de l'Elysée, un appariteur en habit traversait derrière lui le champ de la caméra, s'immobilisant un instant pour que sa famille pût le contempler en chaîne et en os. Ou bien, au cours d'un reportage filmé dans une usine en grève, un O.S. se glissait derrière le leader syndicaliste interviewé et, d'un petit geste de la main, disait bonjour à la maison.

Dans les classes supérieures, on se montrait plus hardi. Un homme politique de l'opposition, sachant que la « petite phrase » ferait mouche bien plus que n'importe quelle analyse (à l'époque du *plus grand,* du *plus haut,* du *plus long,* la « petite phrase » était reine), s'écriait : « Le socialisme, c'est le chienlisme ! » Un écrivain, au cours d'une émission littéraire, n'hésitait pas à se déchausser, certain que ce geste incongru marquerait plus les mémoires que ses déclarations (il ne se trompait pas : les téléspectateurs demanderaient en librairie le livre de *Cet auteur... vous savez... celui qui a ôté ses chaussettes l'autre jour...*). Un cran plus haut dans le *show-off,* un compositeur de chansons brûlait un billet de 500 francs afin de mieux montrer ce que le fisc prélevait sur ses revenus. « Vous vous rendez compte, lui disait le journaliste qui l'interrogeait, que vous allez choquer beaucoup de gens ? »

La belle affaire ! Il était venu pour ça. Choquer était un métier. Le compositeur savait que ce mini-incendie mettrait le feu aux poudres et lui vaudrait plus de commentaires (acerbes ou indulgents) que toute tirade.

Dans la hardiesse de l'appariteur, du gréviste, de l'homme politique, du compositeur, il y avait, avant tout, le désir de faire son numéro (*Je ne me dégonflerai pas...*) vis-à-vis du public en général et des amis en particulier. Mais tout cela n'était rien à côté du formidable déballage de sentiments, de sensations, de complexes, que le petit écran suscitait chez certains couples interrogés sur leurs « problèmes ».

A l'instant où les guerres, au Proche et au Moyen-Orient atteignaient leur paroxysme, où l'on chiffrait les morts par centaines de milliers, où les attentats et les hold-up se multipliaient, où les inondations avaient dévasté, en Inde, un territoire plus vaste que la France — il ne fut question dans ce pays que d'éjaculation.

Tel était le pouvoir de la télévision qu'un ménage — auquel, dix ans avant, on aurait eu du mal à arracher deux mots en privé sur ses difficultés conjugales — avait parlé devant quinze millions de téléspectateurs, d'éjaculation précoce.

Façon de jouer *L'Amour médecin* en vingt minutes, devant une audience plus nombreuse que Molière n'en recueillit jamais pendant toute sa vie.

Tout cela sous la supervision de conseillers en psychologie, voire de psycho-sociologues, qui demandaient aux intéressés : « Comment vous situez-vous par rapport à l'amour ? », comme si l'on avait posé l'amour sur une commode pour mieux le considérer.

Encore restait-on là dans les limites de la sexualité sinon normale, du moins de ses accidents fréquents. Mais la route était grande ouverte vers des déviations plus sinueuses. Devenu voyeur involontaire, le pays allait voir un père narrer ses rapports incestueux avec sa fille — présente à ses côtés. Lui succédait une jeune femme qui racontait ses amours avec ses frères. Le record étant atteint — il y en a toujours un, même dans l'inceste — par un homme qui était arrivé à être à la fois le père et le grand-père de sa fille. Gêné ? Pas du tout :

d'après lui, il avait agi, et réussi, dans l'intérêt général.

Il va sans dire que les cinéastes avaient beau jeu de travailler dans le même sens, et d'aller aussi loin que possible dans le viol des consciences. Tout était offert, ou rien n'était épargné, au spectateur-voyeur. Ni le furieux assaut des croupes, ni les ahanements du congrès, ni même deux homosexuels s'adonnant à leur plaisir dans une vespasienne [1].

❄

Mais abandonnons le domaine de la pathologie amoureuse pour revenir à celui du langage quotidien. Il serait trop facile, voire trop tentant, de dire que la langue de Ronsard était devenue celle de la Sécu. S'il suffisait à un homme de parler un français correct pour paraître un rien précieux, ce pays qui n'aime rien tant que de contrarier l'évidence, comptait un grand nombre de Précieux.

1. On ne parlera du baiser au cinéma que pour mémoire : au long baiser des années 30 avait succédé un baiser en deux temps : d'abord un attouchement des lèvres, petit abordage discret, suivi d'un véritable goulash de langues.

C'étaient les Précieux Atomiques, que Molière ne pouvait prévoir, mais dont il se fût régalé, tant ils avaient imprégné le vocabulaire d'un parfum de technicité mathématique. Grâce à eux, les balayeurs étaient devenus « techniciens de surface » ; une salle de conférence « structure de communication » et, sans doute pour indiquer qu'on n'y traitait pas toujours le même sujet, « polyvalente ». Dans leur univers, moins discipliné qu'auparavant, mais devenu pluridisciplinaire, les lycéens appartenaient à des « groupes de niveaux » et les étudiants passaient des U.V. (unités de valeur).

La télévision honorait cette terminologie algébrique en faisant précéder une émission de variétés de la mention *Unité de programme.* Il n'était partout question que de cas de figure, d'hypothèse d'école, de trajectoire sociale, d'adéquations. Un produit était — grâce à son « plus » — porteur, ou vecteur ; une opération commerciale tous azimuts ; une crème à raser haute densité ; une maison grand volume... La Bourse « se mettait en orbite pour atteindre son apogée ». Et les hommes politiques trouvaient des axes de réflexion, des interconnexions, des points de convergence, voire de non-retour, avec déclenchement possible du compte à rebours. Quant aux gens de théâtre, ils ne semblaient jamais capables de trouver un endroit idéal, une scène, un local, un coin : il n'était question que de lieux. Lieu d'échange, lieu de rencontre, lieu d'expression — toujours privilégiés.

Le commun même en était venu à ne plus dire simplement « oui », mais « effectivement... absolument... tout à fait... », parfois « positif ».

— Etes-vous Parisien ?

— Absolument !

Comme s'il allait en faire la preuve par neuf.

Mot-roi de ce monde à tête de schéma : problème (dix-sept fois prononcé en quatre minutes d'interview à la télévision, où il y avait chaque jour un problème de liaison avec Bordeaux ou avec Singapour). On posait problème, ça faisait problème, on avait des problèmes : supprimés les soucis, les difficultés, les ennuis, il ne restait que des problèmes. « La France, notait un chroniqueur, était devenue une vaste salle de mathématiques où 53 millions de messieurs et dames-problèmes se croisaient en se donnant au passage leurs coordonnées. Quelle adresse ! »

Ce qui était remarquable dans cette tendance

matheuse, ce n'était pas seulement l'engouement mais la vitesse de contamination. Un haut fonctionnaire ayant annoncé une rencontre « au niveau des Premiers ministres », puis un « intellectuel » ayant déclaré que *le rôle du livre au niveau de la culture était de préserver un espace de solitude dans la création* — tout un peuple, pris de niveaumanie, s'était mis en quelques semaines au niveau du niveau. Une dame confessait à la radio : « J'ai été séduite au niveau du corps. » Un policier déclarait à propos d'une saisie de drogue (et du traditionnel « gros bonnet ») : « C'est la plus grosse prise faite au niveau du kilo. » Au marché, une ménagère parlait de *ses problèmes au niveau du beurre.* Dans un magasin, une vendeuse estimait, à propos d'anorak : « Au niveau du temps, c'est pratique. » Un présentateur de télévision, modifiant la disposition de son plateau, s'excusait en disant qu'il allait *procéder à une inversion au niveau des places.* Toujours au petit écran, devenu miroir du langage, une « zoo-psychologue » n'hésitait pas à dire d'un chien, dont les maîtres venaient de déménager, qu'il était « perturbé au niveau de l'insolite ». Un film était jugé « très cocasse au niveau des situations ». Et l'on disait d'un metteur en scène, à propos de costumes rouges et noirs, qu'il s'était mis « au niveau de Rembrandt ».

Si l'on quittait Rembrandt pour le jambon, on ne changeait pas de niveau :

« Vous avez du jambon de Bayonne ? », demandait une cliente au charcutier.

« Ah ! non, parce que en ce moment on a des problèmes au niveau du sel. »

❁

Faut-il trouver ces surcharges anormales, ces tournures dénaturées ? Non : au royaume du paradoxe, le compliqué est simple, l'artifice naturel. En 2100 comme en 1985, le peuple du bon sens et du clair langage s'engage spontanément dans les sens interdits et la complication. Des formules telles que *Où c'est-y qu'il est passé mon balai ?..., Qui c'est-y qui a téléphoné ?...* ne sont pas le plus court chemin pour savoir où est passé le balai ou qui a téléphoné — et pourtant, c'est toujours très fréquenté.

On aurait tout de même tendance à dire trop vite que la langue de Voltaire, devenue bipolaire, oscillait entre les vécés et le conflictuel. Dans un pays où tout est sujet à contraire, ce serait encore trop clair. Voilà pourquoi il ne faut pas traiter à la légère le délire mathématique qui avait gagné tous les domaines, qu'il s'agît des concertos ou des autoroutes.

On apprenait ainsi de la musique de Varèse qu'avec ses « *projections sur le futur, elle épousait l'espace urbain des U.S.A.* » Une brochure, destinée par des pédagogues au « recyclage » des parents, leur enseignait que *la vie humaine est une suite de ruptures dont la naissance et la mort, pôles symétriques, marquent les bornes* (on ne saurait trop y penser surtout sur la route). Sur la route où, justement, un point de vue était baptisé *Aire de vision*). Façon de voir les choses — ou de les lire : dans un tract officiel, une bretelle d'autoroute devenait « microstructure d'approche véhiculaire ». A la lecture, on avait encore le temps de traduire, mais au volant... Laissons un témoin de l'époque raconter :

« Dans la traversée de Tours, soudain, un écriteau : DÉNIVELLATION DANS L'AXE... Le temps de réfléchir et hop ! Une violente secousse dans les reins, un choc dans le pont arrière... C'était un nid-de-poule ! »

Charabiatomique ? A voir les choses de plus près, quitte à s'y cogner, ce n'était pas nouveau. Avec leur « Voiturez-nous ici les commodités de la conversation », les précieuses de Molière n'étaient pas si loin des bretelles d'autoroute ; et leur galimatias, euphoniquement plus plaisant, en guise de commodités, que tous les Repotels et autres Restoroutes, ressemblait fort à celui du XXe siècle.

Sans doute l'auteur du *Bourgeois gentilhomme*, revenu sur cette terre où il demeure à jamais, aurait-il éprouvé quelque difficulté à se faire voiturer sur une microstructure d'approche véhiculaire. Même à pied, on imagine mal Molière à la Défense, perdu dans un labyrinthe à la recherche du « Carrefour International de la Communication » pourtant clairement indiqué par l'invitation : « *Emprunter l'ascenseur gris jusqu'au niveau Résidence Galliéni. Traverser le square puis la rue Delarivière-Lefoullon. Prendre une allée-parking. L'A.S.C.O.M. est située à gauche en contrebas de cette allée, sous des marronniers, symétrique à l'ascenseur par rapport au square.* »

Il ne lui fût plus resté qu'à se recycler à la maison de la Culture de Bourges dont le programme (*réflexions introductives*) d'une journée d'action posait les bases (*repères historiques, problématiques générale et particulière...*) d'une *analyse critique des présupposés de l'action culturelle* et d'une *démarche rétrospective à une appro-*

che contemporaine (temps-espace, en quelque sorte).

Molière, avec sa prise de conscience (du XVIIe seulement), eût éprouvé quelque difficulté à trouver sur le terrain, et sur-le-champ, une approche convenable, mais, grâce à sa praxis ou à son charisme, il se fût très vite sensibilisé au tertiaire, aux grandes surfaces et au rapport qualité-prix. C'eût été pour lui un jeu que *d'appréhender le profil* de notre temps, son éthique, et surtout ses côtés ludiques qui lui auraient permis d'ajouter à ses médecins un ludologue voire des *ludothécaires.*

Voire tout simplement un intellectuel.

La France des XVIIe et XVIIIe siècles avait ses encyclopédistes, ses philosophes, ses savants, ses moralistes, ses fabulistes, ses écrivains, ses essayistes, mais elle ne comptait aucun « intellectuel » en titre. On chercherait en vain cette appellation dans Saint-Simon, même à titre posthume. Il aura fallu attendre trois cents ans pour que soit enfin reconnue l'identité de ces penseurs de carrière qui ne figuraient dans aucun annuaire des professions, mais n'en faisaient pas moins métier de penser.

Si le sérieux des modes verbales peut devenir

comique, le leur était, de loin, le plus désopilant.

En ce temps où l'on parlait sans cesse de communication, cette caste trouvait son confort dans l'incommunicabilité ; sa clarté dans les ténèbres. Elle propulsait le paradoxe à de telles altitudes que le grimpeur moyen devait abandonner l'ascension, ou faire semblant de suivre. De l'un des grands vizirs de l'époque, Lacan, un exégète, lui-même professeur à l'Ecole des hautes études, et donc habitué à l'escalade, disait : *Je trouve à ses écrits une sorte de clarté aveuglante au point qu'on s'évertue à n'y rien comprendre.*

Et il ajoutait, sans doute pour mieux éclairer sa pensée : *Rien n'est plus obscur que la notion de clarté.*

On voit par là combien le lumineux XVIIIe avait pu rester ébloui. Mieux vaut laisser la parole au Maître : quand il parlait d'amour, il fallait vraiment, pour l'entendre (les places étaient chères), ne pas y croire. Et d'abord sa théorie de *l'hainamoration de transfert, son effectuation.*

« *En nommant* " *hainamoration* " *l'énamoration, le Grand Maître dit la haine* *indissociable de tout procès d'énamoration. Qu'en est-il de l'hainamoration transférentielle et comment le psychanalyste peut-il y répondre d'une façon qui permette son effectuation ? Comment intervient, pour cette effectuation, la formation " de veine " qu'est le Sujet supposé savoir ? L'arène du transfert autorise-t-elle une levée de cette limite de la beauté (*cf. *le " Qu'il serait beau d'être... ") que suscite, immanquablement, l'hainamoration ? A quelles conditions la lettre d'amur vient-elle trouer l'être hainamouré ?* »

Il était préférable de laisser ces questions en suspens, jusqu'à ce que le Maître lui-même y réponde au cours d'une de ses leçons publiques *(120 F par personne pour « frais de participation », Ecole de Service Social, 250 bd Raspail, métro Raspail).*

Si l'on descendait de ces hauteurs aux humbles degrés de la formation secondaire, on n'en restait pas moins confondu, tant le français employé ressemblait au latin des Diafoirus. Lisez plutôt ces recommandations envoyées à de jeunes stagiaires en vue de leur formation pédagogique :

Conditions pour construire un apprentissage adapté à l'état des représentations et des stratégies de traitement des sujets :

1) *Repérer le degré de rupture de la connaissance, objet de l'apprentissage, avec le savoir acquis et spontané des élèves.*

2) *Identifier les pré-requis de la connaissance nouvelle.*

3) *Choisir le traitement méthodologique adéquat pour dynamiser la tâche.*

4) *Etablir le lien entre les traitements méthodologiques et la notion à acquérir.*

5) *Fractionner la notion pour que, avec un questionnement opératoire, la tâche de struc ture puis restructure, par transformations successives, réunisse les quantum de notion, et construire un objet de synthèse, dernier état de la connaissance élaborée.*

6) *Produire la tâche par des opérations successives de micro-fonctionnements cognitifs qui réorganisent progressivement le savoir en intégrant la nouvelle difficulté.*

7) *Produire une grille de construction-transformation du savoir qui prévoit la multiplicité des processus ou degrés de construction,*

d'élaboration de la connaissance chez les sujets apprenants...

N'y a-t-il pas là de quoi couper les ailes à tout pédagogue en puissance ?

Mais non. Ces petits, ayant sucé le lait des professeurs, grandiraient. Ils parviendraient un jour à ne point parler comme tout le monde et à voir, d'abord, dans la toile d'un peintre ce qui n'y était pas. Ils n'hésiteraient pas à souligner « l'aspect ludique du jouet », à évoquer la quête d'un créateur, voire à lui demander son itinéraire comme s'il allait déplier une carte Michelin ; enfin à se rendre eux-mêmes *sur le terrain* pour y gérer l'action culturelle en se livrant à une analyse critique des *présupposés*. Et, quand ils se sentiraient tout à fait à l'aise, ils sauraient placer, en sandwich, entre un substrat et un quantum, un super, voire un petit obsolète sorti des oubliettes, car, avec du vieux, on faisait du neuf.

Le merveilleux de ce charabiatomique, c'est qu'il pouvait s'appliquer aussi bien à la littérature qu'à la musique ou à la danse. On pouvait parler de n'importe quoi, il y aurait toujours les mêmes points d'ancrage, la même phénoménologie, la même articulation du discours, la même dynamique, la même dialectique, une mise entre parenthèses, une adéquation et un seuil de tolérance.

❀

C'est peu de dire qu'un jour ces élèves, enfin formés, réussiraient à ne point parler comme tout le monde : leur silence même serait tonitruant.

Ce phénomène eut lieu dans le cours de l'année 1983. La France s'aperçut soudain qu'elle avait perdu ses intellectuels (de gauche naturellement, la droite ayant des penseurs, des polémistes, des écrivains — mais pas d'intellectuels). L'affaire fit grand bruit. Le monde continuait à tourner mais il n'y avait plus d'intellectuels au numéro que l'on avait demandé. Les intellectuels de gauche auraient dû se sentir tout à fait à l'aise avec un pouvoir de leurs souhaits mais, paradoxe des paradoxes, ils se trouvaient plus libres dans l'opposition alors que, dénigrant le chef de l'Etat, ils étaient courtisés par lui. Un des leurs, l'écrivain Jorge Semprun, le disait lui-même : « Le pouvoir de droite, pendant trente ans, leur avait abandonné l'hégémonie culturelle. » Puisque « être de gauche » était devenu moins chic pour un bourgeois, les intellectuels — s'ils continuaient à signer des manifestes — n'avaient plus aucun goût à se manifester autrement.

❋

Molière en eût ri. Comme il aurait ri de voir cet hexagone en proie au délire verbal se livrer aux délices du flou et de l'escarpolette. Car cette société qui jonglait avec les paramètres et les espaces pavillonnaires, gardait toujours un faible pour la mignonnette et la savonnette.

En ces temps difficiles où la rigueur le disputait à l'austérité au point que l'on distinguait mal l'austérité de la rigueur et la rigueur de l'austérité, une entreprise se riait de tous les obstacles, fonctionnait jour et nuit sans relâche, ne connaissait ni repos dominical, ni vacances, ni grève, ni chômage et réussissait à sortir chaque mois, parfois chaque semaine, un nouveau produit.

C'était la Forge Nationale des mots en *ette* qui, après l'espagnolette, la devinette, la midinette, puis, plus récemment, la banette, l'infusette, la disquette, la sanisette, la castorette, et le *Tirez vivement sur la languette !*, avait mis au point, coup sur coup, dans le secret de sa forgerette, deux modèles exclusifs : la caninette, et sa sœur de luxe, la cynonette, voiturettes-poussettes-balayettes qui plaçaient la France au premier rang des nations dans la lutte anti-pollution canine.

Loin de rester sur le trottoir, cette entreprise championne avait, presque dans le même temps, franchi la stratosphère et nationalisé la première Américaine de l'espace en faisant de cette astrophysicienne une astronette.

Il n'était pas un pays qui, dans ce domaine, nous vînt à la cheville, voire à la chevillette. En faisant à tous une pichenette, la France, première en presque tout, avait su se faire première en ces presque riens qui font le sel du vocabulaire, sinon de la vie.

Le président de la République se devait d'honorer, dans une intervention télévisée, cet exemple de compétitivité. En qualifiant une machine à calculer de *calculette,* il lui donna ses lettres de noblesse (tout arrive, même en régime socialiste).

III

LES JEUX ET LES RIS

La plus solide constitution française. — De l'influence du sport en politique et de la politique dans le sport. — Importante découverte de MM. Siméon de Fonlupt et Grimaud-Labeynière.

En deux siècles à peine, la France n'avait pas compté moins de quinze constitutions, mais celle qui l'avait le plus profondément transformée était à la fois la moins commentée et la plus apparente.

Tant il est vrai que si les historiens s'intéressaient beaucoup aux Corps constitués, la constitution des corps ne retenait guère leur attention.

Une fois évoqués les Jeux Olympiques et les disciplines du gymnase ou de la palestre, les manuels d'histoire de la fin du XXe siècle restaient tout à fait silencieux quant aux prouesses sportives des siècles qu'ils passaient en revue.

Alors que les historiens britanniques les plus

sérieux attribuaient depuis longtemps les victoires de Crécy et d'Azincourt au jeu de jambes supérieur des archers anglais, considérant Jeanne d'Arc comme une championne hors pair, capable de battre les hommes à l'arc ou à la course, le mot même de sport n'apparaissait jamais chez leurs collègues français, qu'ils se fussent nommés Seignobos ou Malet-Isaac. Sans même parler des ouvrages scolaires, la *Grande Encyclopédie française,* environ 1980, ne consacrait que cinquante lignes au tennis alors que l'*Encyclopaedia Britannica* lui attribuait huit pages.

Et pourtant, s'il est indispensable de montrer comment l'on est passé de la diligence à l'automobile et de l'aéroplane aux jets (même si ce *Développement des moyens de locomotion* est fait à toute vapeur entre une révolution et trois guerres), n'est-il pas tout aussi capital de considérer les progrès que l'homme a faits pour passer « sous le mur » des dix secondes aux cent mètres ?

Les historiens français de notre temps s'efforcent de rétablir l'équilibre : ils ont enfin compris qu'il est impossible de donner un tableau exact de la vie quotidienne à travers les âges sans donner au sport la place qu'occupait naguère le métier à tisser ou le char d'assaut.

Pourtant, ce sont encore des historiens britanniques qui notèrent les premiers la transformation physique dont nous avons parlé, alors que leurs collègues français l'avaient sous les yeux.

On va voir plus loin que nous devions prendre notre revanche sur nos collègues d'outre-Manche mais, en attendant, c'est un auteur anglais, Milton D. Jarvis, qui, avant tout le monde, dans un ouvrage paru en 2090, parla de la métamorphose qui s'était opérée dans le visage de la France.

« *Rien de plus révélateur,* écrivait Jarvis, *que la sortie d'un lycée. Un de mes éminents homologues avait noté dans les années 30 que les collégiens français avaient souvent des visages d'adultes alors que les enfants britanniques avaient des têtes d'enfants. Les premiers, roseaux pensants aptes à réciter Virgile ou les caractères des monocotylédones, étaient fort supérieurs, en latin comme en sciences, aux seconds, plus habiles à courir sur le gazon et à jouer au cricket.* »

L'ancêtre de Milton Jarvis expliquait cette curieuse différence morphologique non seulement par la pratique quotidienne du sport chez les Anglais, mais par le mimétisme : alors que les enfants britanniques vivaient détachés de leurs parents au contact d'autres collégiens des *boarding schools,* puis des *public schools,* les enfants français, regagnant leurs foyers chaque soir, restaient imprégnés des manières, des mines, du comportement des adultes.

« *Quel changement! observait Milton Jarvis. Sans doute n'y a-t-il toujours pas de* boarding schools *en France mais les mœurs, la diététique, le sport ont tout changé. Plus — ou beaucoup moins — de gringalets à têtes chercheuses, plus de jambes frêles, plus de chérubins voués à la version latine et dispensés de* gym *par un mot de maman; plus de visages séniles, de souffreteux, de jambes grêles — mais des jeunes qui ont l'air jeune.*

« *Le temps est loin où, dans la cour d'un lycée, on se montrait les trois élèves qui allaient faire du ski pour Noël. Désormais toute la France skiait. Sans doute ne possédait-elle pas de nombreux champions (nous non plus) mais elle skiait mieux, elle nageait mieux, elle jouait mieux au tennis (sport d'élite devenu populaire). Et partout, dans les bois, autour des lacs, en ville même, la France courait en anglais, le* jogging *étant devenu une institution.*

« *Homère et Virgile, du coup, en pâtissaient. Il n'est pas sûr du tout qu'à l'instant où les adolescents mettaient en pratique le* mens sana in corpore sano, *ils eussent été à même d'évoquer l'axiome... Pourtant, le sport n'était pas seul responsable du déclin du grec et du latin : naguère enrichies par un enseignement secondaire humaniste, les meilleures intelligences étaient, au nom de l'emploi, « pompées » par les sciences et la technique. S'il y avait eu une époque où un jeune Français de seize ans était intellectuellement plus fleuri qu'un Anglais ou un Américain de vingt, ils se retrouvaient maintenant à peu près à égalité. »*

Pour Milton Jarvis, plusieurs facteurs avaient déterminé ce changement de constitution : d'abord une meilleure nutrition des nouveau-nés : naguère on les abonnait au lait ; maintenant on leur donnait des légumes, des jus de fruits, de la viande. Ensuite, la multiplication des terrains de sport et des heures de gymnastique. Enfin, une plus grande liberté des mœurs : les pères, les grands-pères de ces collégiens, avaient fait leurs premières expériences sexuelles avec des péripatéticiennes — ou avec des amies de leurs mères ; aujourd'hui les jeunes s'unissaient aux jeunes.

Prépondérante aussi, une autre forme du mimétisme cher à Jarvis : celui de la télévision.

Après quinze jours de Wimbledon, ou trois semaines de Jeux Olympiques, les Français s'essayaient à « smasher » comme Mc Enroe ou à courir comme Lewis.

Fallait-il le regard d'un sociologue d'outre-Manche pour nous apercevoir que les nageuses de Clichy avaient un gabarit californien et que les majorettes de Toulouse s'étaient aérodynamisées aux U.S.A. ?

Sans doute non, mais il n'est pas certain que les Français voient toujours ce qu'ils ont sous les yeux ou entendent ce qu'on leur répète chaque jour. Prenons par exemple la « mobilisation », et ouvrons pour elle une parenthèse que nous espérons vite refermer.

Alors que les jeunes (et les moins jeunes) vivaient en pleine paix, ils n'entendaient parler que de mobilisation. Il n'était guère de semaine où le gouvernement ne décrétât la mobilisation du pays pour la défense du franc, la solidarité nationale, la rigueur économique, ou la justice sociale et, quand la mobilisation n'était pas décrétée par le gouvernement, c'étaient les citoyens eux-mêmes qui mobilisaient contre lui : mobilisation des fonctionnaires, des syndicats, des patrons, des pharmaciens, des dentistes, des agriculteurs, des avocats... C'était au point que l'on pouvait se demander si les citoyens, surentraînés à la mobilisation, y prêteraient attention en cas de guerre. De toute façon, comme la guerre civile est une chose épouvantable, les Français ne la déclaraient jamais complètement : ils la faisaient comme on doit prendre les gens : à petites doses, respectant les week-ends et les jours fériés.

Sans parler de certaines « mobilisations pour la paix » (l'opposition des deux termes ne faisait rire personne), on ne cessait d'appliquer aux péripéties de la vie quotidienne une terminologie guerrière.

Le gouvernement annonçait-il des impôts plus lourds. L'opposition exigeait un *cessez-le-feu fiscal.* Un dirigeant syndicaliste soulignait-il la « pénibilité » de certains emplois ? Il disait du travail qu'il était *mutilant.* Le Premier ministre éprouvait-il quelque difficulté à être suivi du pays ? Il *montait en première ligne,* parfois *au front,* avec des ministres au coude à coude, prêts à combattre sur la ligne de crête. Parlait-on des concurrents d'un Grand Prix de formule I à quelques heures de la course ? C'était *une veillée d'armes,* c'était la *guerre des nerfs.* Les Lensois étaient-ils contents de leur « onze » ? Ils avaient fait de cette équipe leur *fer de lance.* Les couturiers eux-mêmes étaient dans le coup : *Chez Dior on mobilise* titrait un quotidien — la mode de cette année étant aux cols officier et aux tuniques à brandebourgs. Et si un orateur, décernant un hommage posthume, parlait d'un « de ces jeunes généraux d'Empire épris de conquêtes » — il s'agissait de Mlle Chanel.

Le tableau eût manqué d'une note comique si, avec cet esprit de contradiction notable dans tous les domaines, les Français obéissaient à l'ordre de mobilisation là seulement où personne ne leur avait demandé de se mobiliser : les loisirs. Unique ministère à ne point appeler à la mobilisation, celui du « Temps libre » ; or, c'était dans le domaine du temps libre que les Français paraissaient le plus occupés. La France debout, la France au corps-à-corps, la France serrant les coudes — c'était la France des jeux et des ris, de la pétanque et du football, du *jogging* et des voyages (les restrictions de 1983 en ce dernier domaine avaient provoqué un émoi — pardon » « une levée de boucliers » — bien plus considérable que l'augmentation des impôts).

❃

Ce n'est donc pas nous éloigner de la jeunesse et des sports que de parler politique. Ce n'est pas nous éloigner de la politique que de parler sport. Là comme ailleurs, la France de cette fin du XXe siècle obéissait à un mouvement pendulaire qui la vouait à de perpétuels aller retour.

Ainsi, à l'encontre de certains chroniqueurs sportifs qui faisaient volontiers appel au vocabulaire militaire en disant du XV de France qu'il avait *manqué de munitions,* rien ne plaisait tant aux politiques que de présenter un budget musclé, voire dégraissé. Le parti de la majorité subissait-il quelque déclin après sa victoire ? Il lui fallait trouver un second souffle. Etait-il mis en ballottage dans telle circonscription électorale ? Il jetterait toutes ses forces dans la « dernière ligne droite ». Il importait que la France fût compétitive et jouât le jeu. Face à la concurrence étrangère, elle se devait de répondre au coup par coup, mettre la barre très haut, et ne pas baisser les bras avant l'issue du dernier round.

Il y avait, là encore, du militaire dans l'air, du coude à coude, des rangs serrés, du corps à corps. D'un nouveau ministre de l'Agriculture qui allait à Bruxelles défendre la cause du porc français, on disait qu'il allait *recevoir le baptême du feu,* mais, d'une façon générale, les politiques avaient une inclination marquée par la terminologie sportive.

Qu'il s'agît d'une grève dans les houillères de Lorraine ou d'un conflit au Proche-Orient, il était primordial d'aller *sur le terrain.* Quand l'Est et l'Ouest n'y disputaient pas une partie de bras de fer, on trouvait toujours une balle à se renvoyer — dont on apprenait, en général, qu'elle restait dans le camp adverse.

Rien d'étonnant, dans ces conditions, que la France fût parfois comparée à un XV de rugby ou à une équipe de football et qu'on lui fît un croc-en-jambe. C'était tout de même le vélo qui emportait le plus de suffrages chez les politiques : la France se devait de coller au peloton de tête des nations industrialisées — sans parler des délices modulés du grand et du petit braquet dans les étapes de plaine ou de montagne.

De leur côté, les adolescents n'étaient pas moins renversants dans leur parler puisque, volontiers antimilitaristes, ils ne cessaient d'éclater, de s'éclater, d'exploser ou de casser...

On conçoit que Milton Jarvis ait été frappé par les aspects contrastés de cette nation. Mais puisque, de tout, c'était le physique qui l'avait le plus impressionné, laissons-lui encore la parole :

« Les jeunes avaient l'air plus jeune, les vieux avaient l'air moins vieux. La France entière s'était mise en couleurs et la dame en noir semblait avoir disparu de la surface de la terre. Si la lutte des classes restait un des sports favoris par excellence, le nouveau sport auquel tous les Français s'adonnaient, c'était le sport. Et pourtant, par un de ces retours des choses dont je ne m'étonne plus, ce pays de réputation gaie était devenu plutôt sérieux. »

Jarvis avait raison : le sport n'échappait pas à la sériosité dont il a été question plus haut. Les champions de tennis paraissaient tellement accablés que le sourire de l'un d'eux était considéré comme un événement quasi historique.

Peut-on taxer Jarvis d'exagération quand, en ce pays de sériosité, l'envoyé spécial aux U.S.A. d'un des quotidiens les plus sérieux, le plus sérieux d'après certains [1], écrivait : *Nous avions quitté la France étreints par l'angoise.*

La guerre ?... Un accident d'avion ?... ...Une alerte à la bombe ?... Non : le genou de Noah, un champion français de tennis, dont on craignait qu'il craquât, dans la compétition américaine, par suite de tendinite. Et d'ajouter qu'a-

1. Alain GIRAUDO, *Le Monde,* 31 août 1983

près la hanche de Hinault, *c'eût été le comble.*

A quelques jours de distance, dans le même journal, que le chef de l'Etat avait choisi en période de tension pour s'adresser aux Français, on pouvait lire sous une autre signature :

« *Christian Raoux, ingénieur à la centrale atomique de Marcoule, et sa femme enseignante étaient venus de Bagnols-sur-Cèze (Gard) pour soutenir leur fils Guillaume. Crispée, l'estomac noué, la mère s'était réfugiée dans un coin pour échapper au regard de son fils et lui cacher son angoisse. A une dizaine de mètres d'elle, le père, les mains moites et le pouls à 120 pulsations par minute, s'efforçait de tromper son anxiété.*

« *Christian Raoux et sa femme n'ont pas fini de souffrir...* »

D'où viennent les affres de ces parents ? A quel supplice intolérable leur enfant est-il soumis ?

Aux quarts de finale d'un championnat juniors de tennis. L'avenir de Guillaume en dépend : il veut être champion, gagner beaucoup d'argent. Il faut dire que le tennis était devenu une gigantesque entreprise. Tandis que des banques ou des compagnies d'assurances payaient fort cher le privilège d'apposer leur sigle sur les poteaux du central de Roland-Garros ou sur ses lices, des parents qui, autrefois, auraient fait n'importe quoi pour que leur fils entrât dans une banque ou une compagnie d'assurances, lui faisaient interrompre ses études pour qu'il accédât au prytanée tennistique.

En se faisant accompagner au Cameroun par le premier joueur français, originaire de ce pays, le président de la République ne « privilégiait-il » pas le sport ? Comment les jeunes n'auraient-ils pas été tentés d'abandonner Sénèque ou Montesquieu pour la raquette ? Paradoxe des paradoxes au royaume du paradoxe, à l'instant où l'on avait supprimé dans les lycées le classement par places, le sport devenait pour les adolescents le seul moyen d'être premier.

❃

Pourquoi parler seulement de la jeunesse ? La fièvre de la compétition avait gagné les vétérans. Tellement nombreux — la longévité ne cessant de croître — que l'on avait dû, dans certaines « disciplines » (toujours le sérieux), créer une catégorie de « super-vétérans ».

Là encore, l'aspect de la France avait beaucoup changé. Dans les années 70, les Anglais riaient volontiers de voir les Français baptisés, par leur presse, *sportsmen* parce qu'ils s'asseyaient dans une tribune de Longchamp ou de Roland-Garros. C'était vrai : le lendemain, les journaux annonçaient que des milliers de *sportsmen* avaient assisté à la Poule d'essai des pouliches ou à la victoire de la France sur l'Irlande. Avec la télévision, l'activité des *sportsmen* avait décuplé ; leur nombre centuplé : ils étaient maintenant vingt millions à sauter la rivière des tribunes d'Auteuil en restant dans leur fauteuil, le commentateur ne manquant pas une occasion de les associer au cheval : « Nous allons maintenant sauter le bull-finch... »

Il est vrai qu'à cette époque, M. Taupin, après n'avoir fait qu'un avec les chevaux, pouvait très bien abandonner le pluriel pour un singulier aussi exceptionnel. Déclinait-il une invitation ?

« Samedi, je ne pourrai pas... J'ai France-Ecosse. »

Tout cela n'était plus aussi vrai. Dès les années 80, la France entière s'était mise à courir, et, quand M. Taupin annonçait : « Dimanche, j'ai mon marathon ! »... c'était vraiment le sien. Sans doute ne parcourait-il pas les 42 km au terme desquels l'héroïque messager grec avait succombé, à bout de souffle, en annonçant aux Athéniens que les Perses étaient battus. Il pensait assez peu à Darius et beaucoup au *jogging* mais n'en abattait pas moins ses quinze bornes en un temps que son père n'eût jamais « réalisé ».

Ce serait peu dire que les sexagénaires du genre de M. Taupin ne vieillissaient pas : ils rajeunissaient.

Rien de tel qu'un championnat pour donner à un homme de soixante-dix ans un comportement de gamin. A preuve, cette expérience relatée par un joueur de tennis dans une revue de l'époque :

« Un de mes amis, très bon joueur quoique presque septuagénaire, expert en amorties (le coup du troisième âge), venait d'administrer un 6-0, 6-0 à un contemporain dans un championnat de vétérans. Précisons que ce genre de rencontre se dispute sans arbitre (s'il fallait arbitrer tous les matches de vétérans et supervétérans, les arbitres mourraient sur leurs chaises).

« Comme mon camarade — ça fait plus jeune qu'ami — regagnait la cabane du juge-arbitre pour y rapporter les balles et faire inscrire le résultat, son malheureux adversaire lui dit :

« Ça ne vous ennuierait pas qu'on change un peu le score parce que... vis-à-vis de ma femme et pour mon classement... »

« Mon ami accepta avec le sourire et laissa son rival annoncer : 6-4, 6-4. »

❀

Si nous abandonnons maintenant les vieux pour retourner aux jeunes, ce n'est pas pour épouser le mouvement de balancier qui module toute chose en ce pays et vous porte sans cesse d'un extrême à l'autre. C'est que, en cette année 2100, les lycéens apprennent aussi bien — ou aussi mal — les conquêtes d'Alexandre que l'histoire de la Coupe Davis ou celle des Jeux Olympiques (un élève peut fort bien être recalé à l'oral du bac Latin-Sports s'il ignore que Lacoste a battu pour la première fois Tilden en 1926).

Il y a un siècle — je veux dire environ 1985 — on n'en était pas là, mais le sport était déjà devenu une affaire d'Etat ; les Etats eux-mêmes couvaient leurs champions comme d'exclusives merveilles ; un match de football éclipsait à la télévision un tremblement de terre au Japon ; et le moindre record de saut en hauteur était aussitôt qualifié d'*historique,* dût-il être battu le lendemain.

La question est de savoir si en deux mille ans, et même deux mille cent, les choses ont changé autant qu'on est porté à le croire... Pline le Jeune et Pline l'Ancien — aujourd'hui confondus dans un tel brouillard que personne ne songe à les distinguer — nous rappellent que le Cirque Maxime de Rome, long de six cents mètres, large de deux cents, comptait près de trois cent mille places. Trajan et ses prédécesseurs empereurs comptaient avant tout sur les jeux, les sports, les courses, les combats, pour asseoir leur popularité, ne fût-ce qu'en s'asseyant eux-mêmes au milieu du peuple. Certains concours duraient des mois entiers.

On a vite dit que les Français, avec leurs jours chômés, leurs jours fériés, leurs week-ends, leurs vacances, sont les plus grands bâtisseurs de ponts du monde (et il est vrai — paradoxe oblige — que si le gouvernement socialo-communiste de 1983 n'hésita point à réveiller la vieille querelle des écoles privées, il n'aurait jamais osé supprimer l'Ascension ou la Pentecôte au nom de la laïcité) mais tout cela était fort peu de chose au regard de l'année romaine qui ne comptait pas moins qu'un jour ouvrable pour un jour férié. C'est à se demander ce que les Romains auraient érigé comme monuments s'ils avaient travaillé tous les jours.

❀

Quittons les Césars, leurs jeux et leurs ris, souvent mortels, et remettons notre pendule à l'heure en lui faisant franchir trois mille ans : il y a aujourd'hui à peine vingt ans (2080) que la découverte de deux chercheurs du C.N.R.S., Siméon de Fonlupt et Grimaud-Labeynière, permit à la France de combler son handicap par rapport à la Grande-Bretagne, de rétablir le score en notre faveur, et de remporter sur les Anglais une de ces victoires pacifiques qui sont l'honneur de notre civilisation.

On ne rendra jamais assez justice à ces inlassables décrypteurs, dont la découverte est devenue aussi légendaire que le bain révélateur d'Archimède, voire les pommes respectives de Guillaume Tell et de Newton.

Nous voulons parler de la première partie de tennis sur la terre, telle qu'aujourd'hui tous les écoliers français[1] l'apprennent en Histoire du

1. Et même anglais (*fair-play* oblige...) mais après quelques réticences.

Sport, à la fin du troisième trimestre, quand viennent à la fois les beaux jours et les examens.

Jusqu'au moment où Siméon de Fonlupt et Grimaud-Labeynière, firent triompher la très française vérité, le monde s'était toujours perdu en conjectures non seulement sur les origines précises du tennis mais sur sa mystérieuse comptabilité.

Pourquoi 15, 30, 40 ? et non pas 1, 2, 3, ou 10, 20, 30 ? Depuis des lustres, des millions de joueurs comptaient ainsi sans se demander pourquoi et disaient quarante-quinze aussi naturellement que « Comment ça va ? »

Les Anglais assuraient que le jeu de lawn tennis avait été inventé en 1873 par le Major Walter Wingfield, mais leurs manuels scolaires — qui ne manquaient pas d'attribuer l'une des causes de la guerre de Cent Ans à l'injurieux envoi d'une boîte de balles adressée par le dauphin au roi Henry V — restaient tout à fait muets quant à l'origine du score. L'*Encyclopaedia Britannica* l'expliquait partiellement en évoquant les temps royaux où le chiffre plein était 60 et n'avait pas encore été détrôné par le 100.

Tout cela paraissait bien hasardeux, car enfin si tel avait été le cas, on n'eût pas manqué de compter 15, 30, 60 — et non 40.

En fait, les spécialistes les plus dignes de foi s'accordaient à établir que le tennis avait été introduit à Florence par des chevaliers (français) en 1370. On peut évidemment se demander ce que faisaient des chevaliers français à Florence, et à jouer au tennis, en 1370, alors que la guerre de Cent Ans avait commencé trente-trois ans plus tôt. Mais on peut aussi ne pas se le demander. Et l'on ferait mieux de ne pas le faire : la guerre de Cent Ans avait, heureusement, des entractes. 1370 correspond à une période où la France se relevait — une habitude — et connaissait une période de paix. Ses chevaliers pouvaient donc en tout honneur se produire en tournoi à Florence.

Mais alors, si l'on jouait déjà au tennis en 1370, où et quand avait donc eu lieu la première partie ?

Voilà le point crucial d'interrogation auquel permettent enfin de répondre, après huit siècles d'incertitude sportive, les recherches de Siméon de Fonlupt et Grimaud-Labeynière.

Grâce à eux, en effet, nous sommes en mesure de préciser que la première partie de tennis sur gazon eut lieu le 26 mai 1327 sur une des pelouses du château fort de Chanfreigneuse, en Touraine. Voici les faits :

Le printemps était délicieux et le chevalier Amaury de la Gâtinière éperdument amoureux d'Athénaïs de Luzagne, propre fille du propriétaire châtelain.

Amaury et Athénaïs s'étaient longuement divertis autour des douves et dans les frondaisons du parc, jouant avec des espèces de raquettes de bois à manches longs, cordées de fils de lin très tendus, et se lançant à la poursuite de balles jaunes — déjà — à peine plus grosses que les balles actuelles.

Agréablement pourchassée, mais légèrement essoufflée, Athénaïs, arrivée sur une vaste pelouse, résolut — fait historique — de tendre un filet de soie blanche entre deux chênes, de façon à échapper aux étreintes de plus en plus pressantes du chevalier.

C'est à partir de cet instant que tout débuta et que tout devait découler de Suzanne Lenglen à Borg en passant par Tilden. A commencer par la façon de compter. De part et d'autre du filet tendu par Athénaïs sur le rectangle de gazon, le premier match de l'histoire des hommes en blanc va commencer. En vérité, Athénaïs ne sait pas qu'elle va servir pour la première fois sur la terre, en disant à Amaury : « Tenez ! » (ce « tenez » qui va peu à peu devenir « tennis »).

Car son geste était aussi inconscient que fonda-

mental : elle s'était placée à la droite du rectangle tandis qu'Amaury, de l'autre côté du filet, à peu près à mi-parcours, attendait la balle. Ce fut à cet instant qu'Athénaïs s'écria :

« Pour l'amour de moi, bel Amaury, feriez-vous quinze fois ce que nous avons fait hier[1] ? Tenez », dit-elle, et elle délivra la première balle de service du monde. Cependant, au lieu de renvoyer la balle, Amaury, fasciné par le charme d'Athénaïs, se contenta de soupirer : « Love ! »

Comme Athénaïs avait changé de côté, il se déplaça lui aussi, sans doute pour mieux la voir. Elle dit : « Le feriez-vous trente fois ? »

Et de nouveau, il répondit « Love ! » sans se soucier de retourner l'envoi. Au coup suivant, Athénaïs, contrairement à ce que l'on aurait pu supposer, ne doubla pas de nouveau le score. Sans doute, demander à Amaury de la Gâtinière de faire soixante fois ce qu'il avait déjà fait la veille lui paraissait-il extravagant : elle se limita à quarante, ce qui n'était déjà pas mal.

Une dernière fois cloué au sol par le service

1. Siméon de Fonlupt et Grimaud-Labeynière ne révèlent pas de façon précise ce dont il s'agit. Du moins, le texte semble avoir été effacé. Mais, si l'on en croit les commentaires du révérend Basileus W. Harrington, dont les études font foi, il s'agirait d'avoir « fait quinze fois le tour des remparts à la course ».

d'Athénaïs, et plus encore par ses avantages, Amaury répondit : « Love ! »

A partir de cet instant, Amaury de la Gâtinière, sans doute lassé de clamer son amour, se concentra sur la balle au point de faire trois retours gagnants Piquée au vif, Athénaïs s'écria : « Go to the deuce ! » En français : « Allez vous faire voir ! »

On voit surtout combien la vérité est loin de l'explication des experts qui rattachaient « deuce » à « dice » et aux dés.

Le tennis était né. Déjà il savait compter. Et, après huit cent cinquante-trois ans d'attente, les joueurs du monde entier pouvaient s'expliquer pourquoi 30 « love » et non 60 à rien. On peut évidemment se demander — si l'on tient encore à se demander quelque chose — pourquoi Amaury de la Gâtinière, chevalier français, disait « love ». Etait-il snob à ce point ? En aucune façon. La raison était double : à cette époque ça allait très mal entre l'Angleterre et la France ; tout le monde sentait que la guerre était de nouveau proche : en bon chevalier des services spéciaux, Amaury s'entraînait à parler la langue de l'ennemi.

En même temps, étant donné la distance (réglementaire) qu'Athénaïs avait mise entre elle et lui, cela lui permettait de crier son amour en détrompant les oreilles indiscrètes. Voilà pourquoi Amaury de la Gâtinière disait « Love » et non « Zéro »... On remarquera en passant, et même en s'arrêtant un instant, que la langue du tennis est la seule au monde où l'amour est égal à zéro. Et il est vrai que l'amour réduit à néant les chances du champion, notamment la nuit qui précède la finale de Wimbledon

La récréation est terminée.

IV

LA LUTTE DES CLASSES

De l'égalité, ses excès, ses limites. — Abondance des privilèges en régime socialiste. — Les Français, l'argent, les « gros ». — Embourgeoisement de la France, fortune du roturier. — La nouvelle noblesse sur quatre roues.

Au début de l'an 1983 jaillit du sous-sol parisien une lumière si éclatante aux yeux des spéléologues du caractère français que l'extralucide Tocqueville lui-même en eût été ébloui.

Nous ne faisons pas allusion ici à ces cabines odoriférantes qui exigent l'enfermement préalable dans les ténèbres des bistrots, avant que la main trouve à tâtons le verrou lumineux — jusqu'à l'instant où il importe de se sauver en vitesse si l'on veut éviter qu'une trombe d'eau asperge votre pantalon. Non.

La lumière vint cette fois du métropolitain.

Fut aboli en effet l'un des plus odieux privilèges de la société capitaliste (l'abolition des privilèges datait de la nuit du 4 août 1789, mais on en découvrait chaque jour de nouveaux) : celui des Ières dans le métro. Non pour que personne ne pût se prévaloir d'y accéder, mais pour que tout le monde partageât l'entassement des secondes.

Que les usagers fussent mis sur un pied d'égalité n'était pas en soi une idée nocive. Mais que l'on n'ait pas, au moins, émis le souhait de donner à tout le monde des wagons de Ières (ce qui était possible avec les transformations en cours) était tout à fait significatif. Comme l'était la décision de supprimer le secteur privé des hôpitaux : il ne serait pas venu à l'idée d'un ministre socialiste — communiste en l'occurrence — de souhaiter une chambre particulière pour chaque patient, et des Ières pour tous.

Si nous avons évoqué Tocqueville à propos de métro, c'est que le ministre des Transports de l'époque appliquait, peut-être sans le vouloir, un de ses principes de base : « Les Français veulent l'égalité et, quand ils ne la trouvent pas dans la liberté, ils la souhaitent dans l'esclavage. »

Sa réforme était de nature à donner une secrète satisfaction à la masse des voyageurs : même s'ils continuaient à être mal assis, c'était un soulagement pour eux de savoir que personne ne pouvait l'être mieux en payant plus. Le Français, qui aime l'argent, se méfie de celui qui en a. S'il aime la grandeur, il se méfie des grandes familles. S'il goûte l'intelligence, il craint les esprits trop brillants. Il est prévoyant mais n'aime pas savoir qu'un homme politique a mis de l'argent de côté. En bref il est toujours prêt à reprocher ce qu'il se permet.

Point n'était besoin de remonter à Tocqueville pour avoir preuve de certaines tendances tenaces. Certain major britannique, ayant abandonné la chasse au tigre pour pénétrer la jungle française, assurait dans ses *Carnets* qu'il avait découvert une des clefs du caractère national sur un quai de la gare de l'Est en 1946... Lui restait à jamais gravée dans la mémoire cette exclamation d'une femme, furieuse de voir des gens s'installer dans un wagon-lit alors que l'on s'entassait dans les couloirs des autres voitures : « Comme si tout le monde pouvait pas voyager en troisième ! »

Rêver de troisièmes — il y en avait encore — pour tous, au lieu de wagons-lits pour chacun, dénotait une soif d'égalité qui s'étanche dans l'inconfort plus que dans le moelleux.

C'est pourquoi en déclarant : *Je voudrais faire*

de Paris un grand XVIe !..., le maire de la capitale[1] eut un mot malheureux — ou trop heureux. Son vœu était assurément préférable à celui d'implanter partout des H.L.M., mais, en souhaitant que les occupants des duplex de l'avenue Foch et des hôtels particuliers de la rue Pomereu descendent de chez eux pour loger dans le Xe ou le XXe arr., il eût satisfait beaucoup de subconscients. « Vous êtes l'élu des beaux quartiers ! » lui lança un député de la majorité. En quoi d'ailleurs le député retardait un peu, le XVIe étant devenu beaucoup moins prisé que certains arrondissements de la rive gauche. Il n'y avait plus guère qu'une concierge pour se lamenter du divorce de sa fille en soupirant : « Quand je pense qu'elle avait eu la chance d'épouser un Monsieur du XVIe ! »

❀

Pour en revenir un instant à notre major anglais, il faut bien dire qu'il n'allait pas tarder à être dépassé par les événements. En 1954, il voyait la France divisée en 43 millions de Français, mais non en gros et petits. Et le piéton

1. Jacques CHIRAC.

rêver de faire descendre le propriétaire d'une Cadillac pour qu'il marche *comme tout le monde.*

En mai 1968, ce n'était déjà plus vrai : les contestataires recommandaient de « bousiller toutes les bagnoles » — mais au-dessus de la 4 CV seulement. Il y avait progrès : ce n'était plus le pied.

Pourtant, une certaine soif pour l'égalité dans l'inconfort restait vive. Elle trouvait à s'étancher dans les domaines les plus divers. Un réputé critique dramatique de l'époque [1] écrivait, sans doute après une mauvaise soirée :

> *Avant, et pendant longtemps, il y avait eu dans les théâtres, des gens bien installés et des gens mal assis : on aurait pu essayer de bien asseoir tout le monde. Non, on a réalisé un progrès notable : maintenant, tout le monde est mal assis. C'est l'égalité. Est-ce normal, est-ce régulier ? On fait ça, je suppose, pour abolir les privilèges de la fortune. Or quels sont les gens bien placés, confortablement installés, quels sont les spectateurs les plus avantagés ? Les ouvriers, « les travailleurs » ? Nullement, mais les oisifs, et souvent*

1. Jean-Jacques GAUTIER, *Le Figaro Magazine,* 6 novembre 1983.

les plus riches. Pourquoi ? Ils n'ont rien à faire. Ils ont du temps devant eux. Ils peuvent se permettre d'arriver là aussi tôt qu'ils veulent. Ils s'installent. Ils occupent. Ceux-là, on ne les délogera pas.

Quoique la nature soit fort peu soucieuse d'égalité et « privilégie » de naissance les rapaces et les squales, on l'invoquait sans cesse, non seulement pour célébrer la liberté des poissons dans l'océan par rapport aux contraintes des citadins (ceux-ci étant tout de même moins vite dévorés que ceux-là) mais pour vanter aux habitants des « grandes cités aliénantes » l'existence des hommes qui, quelque part en Amazonie ou en Nouvelle-Guinée, vivaient encore à l'âge de pierre, quitte à disparaître deux fois plus vite que les « aliénés ».

En fait de nature égalitaire, on allait plus loin encore.

Saurait-on, par exemple, étendre la notion d'égalitarisme à la météo ? A première vue, cela paraît impossible. Mais, après dissipation des brumes matinales, il arrive que l'impossible soit dépassé.

Il le fut dans les derniers jours de l'hiver 83 : une vague de neige ayant enseveli une partie des Etats-Unis habituellement ensoleillée, alors que la température était de vingt degrés à New York, un commentateur de la télévision nota : *Le mauvais temps se déplaçant d'ouest en est, la tempête risque de rétablir un peu plus de justice dans ce pays large, ne l'oublions pas, de 5000 km.*

En souhaitant que la tourmente n'épargne personne, au lieu d'espérer des cieux plus cléments pour tout le monde, cette voix illustrait une fois encore la pensée de Tocqueville, qui, pour avoir à peu près tout prévu, n'avait pas pensé au nivellement par la neige.

❁

La France, au reste, n'eût pas été la France si, à l'instant où elle stigmatisait cent privilèges, elle n'en avait pas fait naître mille. Là encore c'est un homme de gauche, et même radicalement, qui l'affirmait en écrivant :

« *La société française, avide d'égalitarisme, invente autant et plus de privilèges qu'elle n'en supprime. Partout s'installent ou se fortifient des inégalités qui marquent des situations préférables, des droits exorbitants (...) Là même où l'égalité semble s'installer, surgit la hiérarchie. Hiérarchie des fonctions ou hiérarchie des signes. Hiérarchie des salles à manger dans les entreprises, des voitures dans les administrations, des places, des titres, des costumes, des décorations. Les professions sans hiérarchie nécessaire en inventent, comme pour le plaisir*[1]. »

A propos d'égalité, il nous faut maintenant considérer l'élément qui préoccupait le plus les Français — celui dont tout le monde parle encore de nos jours, et que tout le monde tait s'il s'agit de soi — du carburant numéro 1 de la lutte des classes, bref de cette chose haïe et convoitée : l'argent.

L'impôt sur les grandes fortunes agissait comme un tranquillisant sur les moins favorisés, même si, comme un financier l'assurait, quand on touche à l'argent des riches, les pauvres ont peur.

On doit le noter d'abord : jamais la France n'avait été plus embourgeoisée qu'à l'instant où elle s'était donné un pouvoir socialiste. Jamais non plus sa fortune n'avait été plus largement répartie. Il suffisait de la traverser pour ne voir que petites demeures neuves, bourgs prospères transformés en garages, afflux de biens les plus

[1] Jean-Denis BREDIN, *op. cit.*

divers. Sur les routes mêmes, plus de vieilles voitures ; si l'on en remarquait, c'étaient de telles pièces de collection qu'elles valaient plus cher que les neuves.

Il était cependant rarissime, pour ne pas dire impossible, de trouver quelqu'un qui avouât : « J'aime l'argent », tant l'argent avait été, sinon indexé, du moins mis à l'index. Naguère il rassurait, maintenant il inquiétait. On pouvait même se demander si le pays auquel Guizot disait : « Enrichissez-vous ! » était bien le même. Gros industriels, gros céréaliers, gros commerçants — les gros étaient devenus la cible du pouvoir, les successeurs directs de l'aristocratie décapitée.

❁

Dans ces conditions, quand les gouvernants parlaient aux citoyens d'enrichissement, il s'agissait d'enrichir leur personnalité, leur vécu, leurs aspirations. Ça n'empêchait pas la Bourse de connaître une euphorie telle que les actions avaient doublé en deux ans. La crainte de conserver des liquidités, la crise de l'immobilier, les avantages fiscaux réservés aux investisseurs, le pactole provenant de l'argent versé aux porteurs de titres au moment des nationalisations, étaient autant de facteurs qui expliquaient ce *boom.* Mais comment un gouvernement de gauche aurait-il pu s'en féliciter publiquement sans rendre sa « base » chagrine ? Il devait taire cette réussite.

Les « gros » aussi, du moins certains, dont le souci était de se faire le plus petit possible, jusqu'à abandonner Rolls ou Bentley pour se camoufler dans l'anonymat d'une voiture de série (noire). Une exception doit être faite pour les restaurants : les plus huppés ne désemplissaient pas, au point qu'il fallait parfois retenir sa table deux semaines à l'avance et confirmer cette réservation la veille du repas comme s'il s'agissait d'un vol transatlantique.

Cela dit, sans remonter à Guizot, le temps était loin où un industriel fêtait, en grande pompe, son premier milliard avenue Foch. Dans un pays où l'on vénérait l'or, l'argent devait se faire pardonner. Le chef de l'Etat lui-même n'avait-il pas donné l'exemple en dénommant « bergerie » une résidence secondaire de dix hectares, et « local en copropriété » quelque chose qui ressemblait fort à un hôtel particulier ?

Certains ne camouflaient pas seulement leur fortune mais leur ascendance, voire leurs titres universitaires. Un P.-D.G. qui avait passé son bachot assurait qu'il n'avait que son certificat d'études. Lui demandait-on ce que faisaient ses parents ? Il disait de son père (à la tête d'une vaste entreprise d'installations sanitaires) qu'il était plombier-zingueur. Et lui-même, s'il faisait allusion à son exploitation, parlait de son « outil de travail » avec un tel naturel qu'on l'imaginait en bleu avec ses ouvriers, que disons-nous... ! avec son équipe.

Dans toute biographie qui se respectait, ou voulait être respectée, il n'était question, en guise d'ascendants, que de petits commerçants, artisans, meuniers. « Fils de grand industriel » ou de minotier eût été mal vu.

Ainsi se propageaient les idées égalitaires, faisant du riche un mauvais, du pauvre un vertueux, et jetant le doute sur le pauvre devenu riche trop vite.

Si l'on en croit Sénèque — a-t-on jamais vu quelqu'un ne pas croire Sénèque ? — et si l'on admet qu'il faut être « très sot pour ne pouvoir supporter la richesse des autres », le gouvernement de l'époque laissait pourtant supposer que les Français l'étaient...

On aurait eu quelque mal à trouver, sinon un franc-tireur, du moins un franc-parleur, qui restât ouvertement partisan du maintien des classes, à l'instar de ce Britannique qui n'hésitait pas à écrire dans le *Sunday Telegraph* :

« *En avion, le fait de voyager en Ière et d'appartenir à une trentaine de privilégiés séparés de trois cents voyageurs moins choyés me procure une inavouable sensation de confort.* »

Et de rappeler l'exemple de ce *self-made man* milliardaire « parti de rien » avec un simple passage de pont sur un transatlantique : la vue des passagers de la classe de luxe, loin de lui donner envie de les faire descendre, l'avait incité à monter dès qu'il en aurait les moyens. Ce n'était pas la puissance de l'argent qu'il goûtait à son tour, mais la revanche du pauvre. Le vertige égalitaire apparaissait donc à cet Anglais comme une castration de ce stimulus : l'accès à la classe supérieure.

Si ce genre de jugement n'était guère de mise sous le règne de M. Mitterrand, on ne pouvait pas dire d'une majorité de Français qu'ils fussent « pris de vertige égalitaire » au point de caresser la perspective d'une société parfaitement tondue où l'on ne pourrait plus envier personne (par parenthèse, la Maison mère des républiques socialistes n'a jamais été le théâtre d'une telle platitude : élitiste en diable, elle maintenait, et maintient encore, les classes dans les trains — luxe, mous, durs. Il faut bien en prendre son parti, puisqu'il n'y en a qu'un).

Beaucoup de Français considéraient tout de même que les « gros » possédaient trop et voyaient d'un mauvais œil le milliard qui tombait sur le gagnant du loto.

Mais, quel que fût leur désir de partager, ils savaient très bien que ce pactole, équitablement réparti entre 53 millions de Français, ne les eût pas comblés du tout. On pouvait en dire autant de la fortune des gros qui, éparpillée, non seulement n'eût rendu personne vraiment riche, mais aurait privé le gouvernement d'une de ses armes favorites : la lutte des classes.

❁

De nouveau le fléau de la balance nous propulse à l'autre bout de sa course.

Décidément, à la fin de chaque chapitre où seraient décrits la vie quotidienne et les mœurs des Français, leur comportement, vis-à-vis de l'Etat comme d'eux-mêmes, ce qui a disparu et ce qui demeure, bref les caractéristiques les plus évidentes de ce peuple, un analyste consciencieux se devrait d'ajouter un appendice où l'on trouverait le contraire de ce qu'il vient de dire. Il ne braverait pas la vérité : il la conforterait.

Quelles que fussent les tisanes égalitaires du pouvoir, et le toast rituel porté à la trinité des plus faibles, des plus démunis, des plus déshérités, quelle que fût son insistance à stigmatiser le mur de l'argent, il y avait encore un nombre considérable de récalcitrants sans fortune qui ne semblaient pas le moins du monde influencés. Notamment ceux qui plébiscitaient un capitaliste baron, banquier, juif, propriétaire d'une grande écurie de courses, d'un haras et de plusieurs châteaux, en faisant de ses mémoires un best-seller [1].

Quant au racisme, inutile d'aller chercher quelque ratonnade. Restons entre Blancs. Certains, loin de le dissimuler, l'affichaient dans les petites annonces. Parmi les « Offres d'Emploi » du *Figaro*, en mars 1983, on pouvait lire :

Veuve cherche
DAME DE COMPAGNIE
pour partager grand appartement parisien,
et voyager occasionnellement à l'étranger
De préférence cultivée,
caractère facile et aimable
sachant tenir une maison
et de BONNE CITOYENNETÉ.

. Guy de ROTHSCHILD, *Contre bonne fortune*, Belfond

On ne saurait mieux dire qu'il en existait de mauvaises...

Montons plus haut pour gagner l'aristocratie.

Notre analyste soulignait-il, à juste titre, que les titres de noblesse avaient officiellement disparu (jusqu'à être effacés dans l'annuaire téléphonique) ? Si interdiction avait été faite aux aboyeurs de l'Elysée de faire retentir, lors des réceptions, les titres nobiliaires des invités, ceux des réunions mondaines se faisaient toujours un devoir d'annoncer *Monsieur le marquis de Charmassé* ou *Madame la duchesse de Villepreux.* Et la presse ne manquait pas une occasion — si l'occasion en valait la peine — de faire sonner une appellation nobiliaire, non pour son propre plaisir mais pour celui du peuple, qui en était friand.

Une personnalité tant soit peu titrée était-elle victime d'un enlèvement ? Les journaux, télévisés ou imprimés, ne parlaient que du baron Empain. M. Empain n'eût pas fait le même poids.

Plus le monde se démocratisait, plus il était pris de penchant pour la peau de chagrin des sceptres et des couronnes (même fausses : une candidate malheureuse à l'élection de « Miss Sarthe » disait n'avoir qu'un désir : — « monter »). Jamais le terme de roturier n'avait connu pareille fortune. C'était presque devenu un titre de noblesse. D'ailleurs, on ne naissait plus roturier, on le devenait à la faveur d'une promotion exceptionnelle, royale ou princière. Un photographe allait épouser une altesse royale : c'était à qui rappellerait le mieux son état de roture. Roturier, tiré d'un sommeil de trois siècles, comblait d'aise le peuple souverain. Une ex-hôtesse des Jeux Olympiques s'apprêtait à recevoir sa couronne des mains du jeune roi de Suède . elle était d'abord couronnée roturière par les médias. On se régalait de roture dès qu'un parti royal lui tendait sa parure.

En temps normal, il ne serait venu à l'idée de personne, même pas du duc le plus authentique, de qualifier un Peugeot de roturier. Admettons cependant qu'un héritier Peugeot épouse la fille de la reine d'Angleterre : voilà son état de roture aussitôt mis en évidence par tous les journaux du globe. Pour être roturier, il fallait que, par une prouesse éclatante, on épousât à Westminster Abbey ou à Saint-Pierre de Rome l'une des plus grandes princesses de l'univers en présence de 700 millions de téléspectateurs.

La télévision n'avait pas toujours de pareils

fastes à offrir, mais il n'était guère de semaine où un feuilleton n'éclairât la grisaille quotidienne aux flambeaux d'un bal du grand siècle (il y avait toujours un bal et un château dans ce genre de spectacle), avec gentilshommes à jabot, robes à crinoline, duchesses, Altesses, archiduchesses, coups d'éventail, soufflets, paltoquets, duels et — suivant l'époque — lettres de cachet.

Le château était un ingrédient tellement indispensable pour satisfaire l'appétit du peuple que les politiques eux-mêmes s'en servaient autant que les cinéastes. Lorqu'ils rappelaient — et ils le faisaient sans cesse — le boulet qu'ils traînaient en guise d'« héritage », les tenants du pouvoir n'aimaient rien tant que de nommer leurs prédécesseurs à l'Elysée « les gens du château ».

Mais laissons là les bals, les châteaux, les cinéastes et retournons dans la rue.

L'automobile, si elle n'était déjà plus un signe de « standing », restait un des meilleurs instruments de mesure sociale. Certes, on voyait certains « gros » chercher l'effacement, sinon l'écrasement, en camouflant, sur le coffre d'une Mercédès, le chiffre de leur cylindrée. Mais c'étaient là des exceptions. En un temps où il ne serait pas venu à l'idée de quelqu'un de se balader en ville porteur d'un écriteau « Je suis un grand bourgeois », une firme de voitures vantait l'un de ses modèles en lui conférant *le charme discret d'une grande bourgeoise.*

Les armoiries, les couronnes ducales, les blasons que l'on trouvait naguère sur les portières laquées d'élégants coupés à flancs blancs avaient disparu (les flancs blancs aussi). Jamais pourtant les voitures n'avaient aussi ostensiblement étalé leurs titres de noblesse. Elles ne se contentaient plus de rouler : elles parlaient. Une belle Anglaise vantait si bien ses origines aristocratiques sur les ondes et dans les journaux qu'elle dépassait les souhaits de la veuve du *Figaro* en guise de « bonne citoyenneté ». Oyez plutôt :

« Je suis issue d'une très bonne famille. Comme mes sœurs, nous sommes les nobles héritières de la tradition britannique. Mes quatre roues ont reçu l'indépendance dès la naissance, et j'entretiens les meilleurs rapports avec mes sujets, grâce à ma boîte synchro et mes freins assistés. »

A cette *grande routière* « haut de gamme », qui *privilégiait le rapport homme-machine,* on parlait comme à une divinité : « *Provocante Samantha, tu caches ton tempérament de lutteuse sous une robe discrète.* » On l'eût dite prête à dire à Guizot : « Enrichissez-moi ! » en parlant de son carburateur.

On croit rêver. Mais on rêve. Et le rêve était payant, en tout cas pour les constructeurs. Cette « provocante Samantha » ne craignait pas d'affirmer noir sur blanc : *Je suis une fausse calme qui dépasse le 180 chrono,* dans un pays où la vitesse était limitée à 130 km/h. Cela relevait de l'incitation à la désobéissance. Malgré quoi les voitures qui dépassaient le 200 ne s'étaient jamais mieux vendues.

Autant dire qu'à une déesse « haut de gamme, née de la foudre », il fallait céder le haut de la chaussée. Noblesse oblige, et dans tous les domaines : si les écussons et les couronnes princières avaient déserté les carrosseries, c'était pour mieux fleurir sur les boîtes de fromage, de chaussures, de n'importe quoi : *Moutardier du Roy... Mocassins de l'Elite... Cru de haute lignée... Bière des Seigneurs,* autant de produits aristocratiquement personnalisés, en vente dans des magasins se disant « de grande race ».

La manie de la personnalisation atteignait jusqu'au courrier publicitaire dont les messages (*Urgent, Personnel*) étaient ponctués du nom du destinataire composé dans les mêmes caractères que le texte : *Cher Monsieur Delamarre, avez-vous pensé à votre sécurité et à celle de vos enfants ?...* de telle sorte que ce cher monsieur Delamarre avait l'impression que le pli avait été spécialement composé à son intention.

❀

Tout cela est encore peu de chose.

Deux cents ans après la Révolution française, et quelle que fût la toute-puissance chaque jour affirmée du peuple souverain, on trouvait encore des irréductibles pour lesquels il y avait des gens qui étaient nés et d'autres qui ne l'étaient point.

A preuve la mésaventure d'un énarque, P.-D.G. d'une importante société, qui, ayant posé sa candidature au Jockey Club, y avait été reçu, comme c'était l'usage, dans le « salon du bas », par un duc, membre du comité. Notre candidat, croyant bien faire, retraça brièvement les étapes de sa brillante carrière. Il allait terminer quand le duc l'interrompit :

« Sachez, Monsieur, que, comme le disait un de mes aïeux, nous sommes encore quelques-uns, heureusement, pour lesquels le mérite personnel ne compte pas. »

Le candidat prenait congé de son hôte lorsqu'un membre du Jockey, venu saluer le duc, lui dit :

« Incroyable mon cher ! Impossible de trouver quelqu'un qui sache atteler à quatre chevaux ! »

V

DE L'ARCHITECTURE, DU VÊTEMENT, DE LA MODE

Laideur et beauté successives de la France. — Résurgence et célébration de quelques horreurs. — Mode du débraillé, manque d'usage de la brosse à dents.

Faut-il parler de décadence ?

Certains historiens font partir la décadence française du XVIIIe siècle, sous prétexte que rien de vraiment beau n'a été construit depuis cette époque. D'autres, de mai 1939 parce qu'une écrasante majorité de citoyens, promis à l'écrasement, ne tenaient pas à se battre. Quelques puristes se contentent de souligner qu'au pays du beau langage, en 1985, on finissait par remarquer un homme qui parlait correctement.

Mais peut-on déterminer avec exactitude les points d'apogée ou de décadence d'une société ? A-t-on jamais entendu un Romain s'écrier : « Je suis à l'apogée de l'Empire ! » ... ou l'un de ses descendants déplorer : « Nous sommes tombés en décadence depuis la semaine dernière ! »

On pourrait assurer de la même façon qu'il n'y a jamais eu un seul soldat, un seul capitaine, pour déclarer entre 1337 et 1453 : « Je fais la guerre de Cent Ans ! »

Ce sont les historiens qui, après coup, additionnent, font un paquet des batailles, des sièges, des traités, et l'enrubannent d'un terme, ou d'un chiffre, propre à frapper les imaginations.

Revenons à l'une des premières complaintes citées plus haut et parlons architecture. On ne peut pas dire que Beaubourg — quelle que soit l'opinion que l'on ait de sa colossale tuyauterie — ait beaucoup ajouté à la grâce de Paris.

Mais il faut, pour être juste, rappeler que, depuis cent ans, la capitale avait essuyé les pires affronts que des architectes lui eussent jamais infligés. Entre 1871 et 1925, on avait atteint des sommets dans la laideur. Les Français de 1985 n'avaient, en somme, reçu de leurs prédécesseurs que des leçons à ne pas suivre, et l'héritage le plus indigeste qui se pût tolérer.

D'abord une multitude d'immeubles prétentieux, coiffés de dômes, de globes, de pyramides, parsemés d'œils-de-bœuf (élégante garniture de minables chambres de bonnes sans eau courante) et dont les façades tarabiscotées s'agrémentaient de cariatides, d'arabesques, de mosaïques. Délire végétal, parfois animal, effarant mélange où la brique le disputait à la pierre, la faïence à la céramique, le fer à la fonte, la lyre au trèfle, le sphynx aux lions. Et pourtant, un jour était arrivé, un jour de gloire, celui de l'inauguration, où la foule des amis, groupés autour de l'architecte, lui avaient dit de cette monstruosité :

« Ah ! Maître, vous avez fait un chef-d'œuvre ! »

Il y avait aussi tous les saints aux noms desquels on avait élevé de géantes basiliques — Saint-Augustin, Sainte-Clotilde (sans oublier la Sainte-Geneviève flanquée de biais sur le pont de la Tournelle) — erreurs de pierre, incroyables pâtisseries dont la plus éclatante — le Sacré-Cœur — surplombait Paris de sa masse globuleuse.

La banlieue et la campagne n'avaient pas été mieux loties avec une floraison, encore visible, de pavillons de pierre meulière aux murs hérissés de tessons de bouteille.

Tous les records étaient battus cependant par

les monuments aux morts de la guerre de 14-18, éternisant dans l'horreur les poilus tombés au champ d'honneur. Leurs maréchaux, leurs généraux, n'étaient guère mieux traités, à cheval ou à pied. La statue équestre du maréchal Leclerc aux abords de l'autoroute du Sud, celle de Fayolle aux Invalides, en attestent.

Il était donc difficile de faire plus mal. Et il est honnête de dire que, par la suite, on fit mieux.

Même si le sculpteur chargé d'immortaliser Pompidou lui avait fait un pantalon géant qui semblait droit sorti d'un magasin spécialiste en Hommes Forts ; même si les timbres-poste courants étaient les plus laids du monde, moins beaux en tout cas que ceux de n'importe quel pays sous-développé ; même si le bleu lessive de l'uniforme des contractuelles méritait contravention ; même si l'on avait enlaidi, par des tours incongrues et de faux gratte-ciel, les plus belles perspectives du monde, de nouvelles lignes étaient nées, audacieuses, aérodynamiques — celles de la Caravelle ou du Concorde comme des autoroutes. Et il faut reconnaître que le nouveau Trocadéro était infiniment plus plaisant à la vue que son sinistre prédécesseur mauresque avec ses tours rectangulaires de briques rouges et son mur pignon.

❃

Mais, là aussi, le paradoxe régnait en maître.

A l'instant même où lcs Français innovaient et trouvaient la pureté des lignes dans les avions à réaction ou les bolides de Formule I, ils étaient pris de vertige rétrospectif pour le galimatias des bouches de métro 1900, faisaient monter les enchères, pour un vase-tulipe de Gallé, à des prix astronomiques et se reprenaient de passion pour la botanique du style 1900.

On ne parlera des Halles que pour mémoire — ou trou de mémoire — car il en était des Halles comme de la liberté disparue : on les chérissait lorsqu'elles n'étaient plus là.

On organisait des promenades-pèlerinages sur leur emplacement, à moins que des guides-conférenciers, tels des mentors sur l'Acropole, ne menassent leur troupe au buffet art-déco de la gare de Lyon, puis à la gare Saint-Lazare en évoquant le lancement de la passerelle « révolutionnaire » qui la reliait à l'Hôtel Terminus.

Loin des gens fortunés qui soupaient en smokings et robes longues dans l'Orient-Express ressuscité, les pèlerins-piétons écoutaient leur pilote célébrer les escaliers à rambarde de Guimard, ses marquises, ses allégories. On évoquait « l'unité stylistique » de Formigé, ou son rationalisme romantique et l'on allait jusqu'à trouver une « rigueur structurelle » voire « ponctuelle » dans un délire de fer, alors que ni Guimard, ni Formigé n'avaient de leur vie, prononcé les termes de rigueur, de ponctuel ou de structures.

❀

Il est difficile de dire quelle était la mode de cette fin de siècle, car il n'y en avait pas — ou il y en avait mille.

Les grands constructeurs avaient beau annoncer, en décembre, qu'au printemps la femme serait plus fluide, que ses épaules seraient moins larges, sa taille plus basse, son cou plus haut, et que l'on verrait de nouveau ses genoux, ces indications étaient précieusement recueillies par les acheteuses de Sydney ou de New York ; mais si certains disaient encore que « le monde entier nous enviait notre mode » c'était le monde entier, sauf la France, tant les Françaises paraissaient peu soucieuses — sauf une minorité « privilégiée » — de suivre les canons de la haute couture.

A considérer l'aspect carnavalesque de la rue, on était plutôt en droit de se demander s'il y avait une mode, et si quelqu'un la suivait : ici une femme en minijupe, là une autre dont la cape balayait le trottoir ; une troisième, en collant de cuir fauve, marchait de concert avec une amie dont les bottes d'égoutier serraient des jeans blancs. Décolletés audacieux ou cols officiers, pulls ou blouses tyroliennes, burnous ou casquettes — il y en avait pour tous les goûts.

C'était plutôt une anti-mode, une façon de réagir contre des usages surannés : jeans effrangés contre tailleur strict ; polo contre cravate, car, chez les hommes, le polo, la chemise ouverte, le col roulé, étaient devenus la règle, surtout chez les « intellectuels ». A tel point qu'arrivant un soir sur un plateau de télévision en complet veston et cravate rayée, un auteur dramatique s'excusa auprès des cinq confrères (en chemise de cow-boy ou blouson de bougnat) :

« Pardonnez-moi, je n'ai pas eu le temps de me changer ! »

On finissait par remarquer autant un homme bien habillé que quelqu'un parlant sans faute de syntaxe. Quant aux chapeaux, il n'y en avait plus. Accessoire devenu tout à fait superflu puisque l'on avait réussi à créer le chapeau invisible : alors que le monde allait nu-tête, la presse écrite ou télévisée ne cessait de tirer des « coups de chapeau » à des auteurs d'exploits politiques ou sportifs.

A la vérité — toujours paradoxale — les seuls hommes à être vêtus correctement étaient les maîtres d'hôtel, les garçons, les réceptionnistes d'hôtels, ou les chasseurs de palace, qui ouvraient respectueusement la portière d'une Rolls à un jeune homme chevelu en blue-jeans effilochés.

❁

Le débraillé n'était pas moindre dans une salle de théâtre, un soir de générale. S'y pêle-mêlaient tignasses et permanentes, chandails et cols empesés, visons et trench-coats, baskets et souliers vernis. Un ringard en complet bleu sombre avait pour voisin un punk à aigrette rousse avec une tétine dans la bouche. A côté d'une dame en spencer de velours noir, accompagnée de son mari en veston foncé, s'asseyait un homme qui, ayant sans doute trop chaud, ôtait son chandail pour ne garder que sa chemise. Une forte odeur d'aisselles contrariait un parfum de Chanel.

Comme la dame avait appris le jour même par une statistique de l'I.N.S.E.E. [1] que les Français n'utilisaient qu'une brosse à dents pour trois, que 36 % d'entre eux ne se lavaient quotidiennement que le visage, qu'en moyenne ils n'achetaient que deux savonnettes et quart par an, et que 32 % se couchaient sans se laver ni les mains, ni les dents, elle en était d'autant plus impressionnée, voir imprégnée. Il est vrai que, sans parler des effluves de son transpirant voisin, elle recevait sur ses genoux la chevelure sans cesse secouée d'une femme qui lui cachait une moitié de la scène.

❀

Cette impression allait se confirmer à la lecture d'une enquête entreprise aussitôt après la publication des chiffres de l'I.N.S.E.E. [2]. Un médecin déclarait :

« *Certains parents voudraient que leurs enfants se douchent à l'école. Ce que je vois est ahurissant.*

1. *Données sociales,* mars 1984.
2. Enquête de Jacques LESINGE, *Le Figaro,* 6 mars 1984.

Les filles sont peut-être encore plus sales que les garçons. Elles ont les lobes infectés par les pinces de leurs boucles d'oreilles, des sous-vêtements crasseux... On avait demandé aux médecins de ne plus porter de blouses blanches, par mesure " psychologique ". Nous les remettons d'autorité par mesure d'hygiène. Après mes visites, j'ai l'impression que mes vêtements sont imprégnés par l'odeur et la crasse. »

De son côté, la vendeuse d'un magasin de vêtements de luxe du XVIe arrondissement racontait : « *J'hésite quelquefois à laisser essayer des robes ou des pulls lorsque je vois les sous-vêtements des clientes.* » Et, à Serre-Chevalier, élégante station de sports d'hiver, une femme de ménage confessait que, « *dans certains studios en location, elle mettait des gants pour changer les couvertures après le départ des clients* ».

Même si le nombre des W.-C. intérieurs était passé de 27 % à 80 % en trente ans, et celui des salles de bains de 10 % à 77 %, les règles de l'hygiène la plus élémentaire n'en restaient pas moins négligées : dans les boulangeries, les vendeuses, ayant palpé la monnaie, prenaient le pain sans l'avoir enveloppé ; la plupart des lycéens conservaient en classe les vêtements qu'ils avaient portés en cours de culture physique (il n'y avait généralement ni vestiaires, ni douches) ; dans les hôpitaux, les infirmières, jugeant toute coiffe « disciplinaire », laissaient tomber leurs cheveux sur des blouses plus grises que blanches ; et peu de médecins jugeaient utile de se laver les mains avant d'examiner un malade.

VI

LES FRANÇAIS TRADUITS EN CHIFFRES

Force et faiblesses des statisticiens. — Difficulté à rencontrer le Français moyen. — Des endives considérées comme légume bourgeois, la banane fruit populaire. — La France multipliée par deux.

Les Français, accoutumés à vivre dans un pays idéalement situé par la Providence à mi-chemin entre le pôle et l'équateur, n'en voyaient pas moins tomber chaque semaine la pluie torrentielle des statistiques, rassurantes ou terrifiantes, dont nous n'avons donné qu'un échantillon.

Grâce à l'I.N.S.E.E. et à ses 110 000 agents recenseurs, ils apprenaient que l'infarctus guettait plus les salariés du secteur privé que les fonctionnaires ; que, si la chance les favorisait, ils mourraient, à proportion de 23,6 % seulement, d'une tumeur maligne alors que 37,5 % d'entre eux seraient emportés par une maladie de l'appareil respiratoire ; qu'en attendant le pire, l'espérance de vie chez les hommes était en moyenne de 70,2 ans, et chez les femmes de 78,4 ; que, s'ils tenaient à vivre plus longtemps et atteindre une meilleure moyenne, ils devaient aller en Suède, en Norvège et en Suisse, où l'on mourait moins vite (ce qui expliquait sans doute que 8,5 millions de Français passaient leurs vacances à l'étranger et non simplement à la campagne, où l'on mourait plus vite qu'à la ville) ; que la France rurale se dépeuplait au point de ne plus représenter que 16,5 % de la population (à peine plus que l'agglomération parisienne), ces 16,5 % n'en occupant pas moins, avec 8,7 millions d'âmes, 368 000 km^2 d'un territoire de 550 000 km^2 ; que la seule population qui se multipliait sans cesse était celle des chiens et des chats, plus nombreux (17 millions) que les enfants de moins de 14 ans ; que le nombre des personnes âgées (on ne disait plus « vieillards ») avait quintuplé en un demi-siècle et que, si ça continuait, la France de l'an 2000 serait réduite à 37 millions d'âmes [1] ;

1. C'est faux : au dernier recensement de 2080, nous sommes 63 millions. Faux également le pronostic selon lequel la France, transformée en maison de retraite, serait en 2100 une nation de grabataires, avec 20 millions d'octogénaires surveillés par des nurses mongoles. Les prévisionnistes ont le temps pour eux : quand l'échéance arrive, ils ont disparu, les témoins aussi. Qui

que, compte tenu ou non de ces chiffres accablants, 10 000 personnes s'étaient suicidées en 1980 (record « historique ») alors que les Anglais, plus corrects, se tuaient moins ; qu'il n'y avait qu'à attendre une guerre pour voir les suicides diminuer ; que, néanmoins, les Français avaient grandi de dix centimètres en cent ans ; que, dans le domaine de la taille, les cadres supérieurs étaient, comme leur nom l'indiquait, plus grands que les agriculteurs (1,74 m contre 1,70 m) ; que les patrons, répondant aux normes du vocabulaire de classes, étaient plus gros que leurs employés ; qu'en pleine activité, les citoyens dormaient 56,5 heures par semaine et qu'il leur fallait atteindre 65 ans pour dormir davantage ; que les endives étaient un légume bourgeois (tout le pays s'était embourgeoisé, sauf pour les statisticiens) et la banane un fruit populaire, le camembert étant plus prisé des cadres que des ouvriers ; que la région parisienne était la plus forte productrice de cresson, la Dordogne étant la plus riche en châteaux et manoirs ; que *Le Beau Danube bleu* et *l'Arlésienne,* accompagnés de mousseux, berçaient les

---

se souvient encore qu'en 1930 certains statisticiens voyaient la France compter moins de 30 millions d'habitants en 1950 ?

artisans et les petits commerçants, tandis que le *Concerto pour la main gauche,* le *Clavecin bien tempéré* et le whisky étaient en faveur chez les cadres du secteur privé (Strauss tombait de 65,8 % chez les premiers à 2,6 % chez les seconds) ; que 5 % seulement de la population (active) usait de préservatifs auxquels on préférait le retrait (également bien tempéré) ou l'abstinence périodique ; en bref, que, le nombre de jeunes diminuant, et celui des vieux augmentant, il importait que les Français fissent un enfant dans la journée sous peine de voir le nombre des octogénaires (de plus en plus *alertes*) multiplié par sept.

Ainsi tombait le flot des coefficients, noyant à tel point les citoyens que certains médecins diagnostiquaient une statisticose. Tous n'en mouraient pas, mais beaucoup en étaient atteints.

❀

Les statistiques de l'I.N.S.E.E., de la S.O.F.R.E.S. et de l'I.F.O.P. ne manquaient pas pourtant d'une certaine poésie mathématique ; elles habillaient la France d'un uniforme de chiffres et en mesuraient le « tissu social » long métrage dans toute son ampleur. Mais si elles la reprenaient un peu à la taille, elles ne parvenaient pas à sonder son cœur.

Sans doute fallait-il être Napoléon, de Gaulle ou Pompidou pour affirmer que la France était une personne à nulle autre pareille dont le génie éclatait comme d'autres la rate et qui pouvait, à l'instant, devenir veuve, ou épouser.

Voilà pourquoi le général de Gaulle était tout naturellement porté à donner une âme à un port : « Je salue Fécamp, port de mer, et qui entend le rester. » Cela coule de source, tel un fleuve. Les fleuves français ayant chacun leur caractère, à l'encontre de ces colosses des super-Grands, Volga ou Mississipi, la Seine, utile, paisible, laborieuse, apportait à Paris le souffle de la Marne, tandis que la Loire, paresseuse et non navigable, traînait ses eaux nonchalantes dans les sables.

Il était hors de question pour les 110 000 agents recenseurs de l'I.N.S.E.E. ou de la S.O.F.R.E.S. de donner à leurs statistiques de tels états d'âme. Tout de même, ils parvenaient à atteindre le tréfonds du caractère français : à Poitiers, un agent statisticien avait vu un receveur des Postes quitter son domicile radical de gauche et revenir le soir U.D.F. (le sondeur était repassé en fin de journée pour compléter son dossier). C'était, bien sûr, un phénomène particulier qui pouvait inciter à multiplier chaque Français par deux. Mais sans parler d'exceptions de ce genre, aucune entreprise de statistique n'avait eu la chance de statufier le Français moyen qui, ayant dormi 56,5 heures par semaine, consommé quatre cents kilos d'endives, observé l'abstinence périodique, compté une femme et 2,3 enfants, mesuré 1,70 m et pesé 70 kilos, était mort idéalement à 70 ans et trois mois d'une maladie des voies respiratoires (depuis 1990, on n'en meurt plus, mais on meurt d'autre chose. Le cancer a été vaincu mais la thoralite, nouveau fléau dû au croissant abus des matières synthétiques, fait des ravages).

❀

Si le Français moyen restait à la fois innombrable et introuvable, en revanche un chercheur du C.N.R.S. s'était illustré par un portrait robot de l'homme de la rue dont tout le monde parlait et que personne n'avait jamais rencontré. A force de descendre dans la rue pour y trouver son homme, le chercheur l'avait finalement découvert : c'était quelqu'un de très passant, au point de passer, par transparence, à travers les regards. Il avait la tête en forme de pignon, le teint grisâtre, et des yeux clignotants qui passaient du vert au rouge. Il semblait se nourrir alternativement de papier journal et de petits morceaux de macadam ou de pavés.

On ne put en savoir davantage car le chercheur, fou de recherches, devint fou (comme 0,75 % de la population).

La statisticose faisait des ravages, mais ne conduisait pas, en général, à de telles extrémités. Certains signes n'en demeuraient pas moins troublants, notamment le signe des sigles.

Les Français apprenaient beaucoup de choses grâce à l'I.N.S.E.E. sans savoir au juste ce que ces capitales voulaient dire. Il en était ainsi de la S.O.F.R.E.S., de la C.I.A., du K.G.B., de l'U.R.S.S.A.F., du C.R.I.C., des A.S.S.E.D.I.C. ou des C.E.D.E.X. Atteints de siglomanie, les citoyens passaient leur vie à écrire, à lire, à entendre des initiales dont leur vie, parfois, dépendait ; et pourtant, d'après les meilleurs statisticiens, il n'y avait pas un Français sur cent mille qui fût capable de dire correctement ce qu'elles recouvraient. Le peuple « le plus intelligent de l'univers » employait ainsi, à longueur de journée, des termes dont il ignorait le sens. Mais ne passait-il pas une existence entière rue Lepic ou rue Cardinet sans jamais avoir été curieux de savoir qui était Cardinet ou Lepic ?

Les « téléspectateurs » auraient été tout aussi incapables de préciser ce qu'étaient les Chiites, les montants compensatoires ou les données corrigées des variations saisonnières du chômage. Politiciens ou journalistes éprouvaient donc le besoin de traduire en « clair » ce qu'ils venaient de dire — sans pour autant apporter la lumière.

Quant aux millions, aux milliards, aux billions, on en déversait une telle quantité que cela ne représentait pas grand-chose. Lorsque le ministre des Finances annonçait gravement qu'il fallait diminuer d'un point le montant des prélèvements obligatoires, ou que tel poste représentait 60 % du produit national brut, cela ne signifiait quelque chose que pour les initiés. Et quand on annonçait que la dette extérieure de la France s'élevait à 451 milliards de francs, on aurait aussi bien dit 487 ou 262, cela n'eût rien changé dans les esprits, qui sentaient qu'il y avait là quelque chose d'énorme, mais sans plus. Il en était ainsi du déficit d'Air France ou d'un tremblement de terre qui avait « atteint 6,3 sur l'échelle de Richter » : cela faisait moins de 8 et plus de 5, c'était tout.

Voilà pourquoi, lorsque un gouvernement déclarait qu'il était urgent que la France trouvât quatre-vingts milliards dans le mois, on ne pouvait être impressionné outre mesure : il n'y avait plus de mesure. Pour parler « plus clair » on en appelait souvent au vieux français, ou plutôt aux anciens francs (« 800 millions de centimes ») mais, un sou n'étant plus un sou, un milliard, de toute façon, ne correspondait plus à rien.

Les Français étaient plus entraînés à traduire les euphémismes que les chiffres : ils s'étaient habitués, par exemple, à comprendre qu'un « redéploiement » industriel signifiait la fermeture de dix usines ou qu'un « redéploiement de nos forces » dans tel pays d'Afrique équivalait à une retraite précipitée sur une ligne plus ou moins précise. Mais quand on leur disait que le budget des Etats-Unis s'élèverait à 500 billions de dollars, ils perdaient tout espoir d'évaluation. Il y a un degré à partir duquel l'énormité des chiffres noie l'entendement.

Ainsi des Chinois : nul ne se formalisait si les experts statisticiens évaluaient la population de la Chine à 1 milliard *ou* 1,2 milliard d'habitants. Qu'il y eût dans ce petit *ou* de quoi caser quatre fois la population de la France ne surprenait personne.

Il ne faut tout de même pas exagérer : si l'I.N.S.E.E., ou le service du recensement, avaient annoncé que la France comptait 40 ou 50 millions de Français, cet *ou* ne serait pas « passé ».

VII

L'ÉTONNANTE DESTINÉE DE FERNAND GUARINOU, VICTIME DE LA STATISTIQUE

Ce qui se passait dans un immeuble en 1985 et ce qui ne s'y passait pas. — Comportement du locataire. — Découverte et disparition concomitante du Français moyen.

Il existait, et il existe toujours, au 272 bis de la rue de Vaugirard, un immeuble de six étages que Balzac eût décrit avec une telle précision qu'il nous paraît vain de le faire nous-mêmes. Disons seulement que cet édifice de pierre grise, par endroit noirâtre, portant encore la plaque GAZ À TOUS LES ÉTAGES, ressemblait, avec ses volutes, ses lucarnes, ses moulures en saillie, à des dizaines de milliers d'autres, nés à l'âge de la pierre tourmentée, entre 1850 et 1920.

Immeuble si commun, si anonyme, qu'il eût fallu des quintuplés ou un assassinat pour lui permettre d'obtenir une mention dans des faits divers.

Voyons d'abord ce qui se passait dans cet immeuble — ou plutôt ce qui ne s'y passait pas.

Tous ses locataires avaient entre eux un rapport commun : n'en avoir aucun. Quoique l'on parlât beaucoup, en cette année 1985, de contacts humains ou de chaleur humaine, l'immeuble en question ne comportait aucun chauffage de cette sorte. Ses quatorze appartements étaient autant de territoires interdits, aussi difficiles à explorer qu'une crânothèque d'Indiens Jivaro en Amazonie. Les habitants vivaient bien au contact, mais, comme dans les communiqués de guerre, toujours sur le qui-vive, et prêts à refouler l'ennemi, même de l'intérieur.

Il arrivait que l'assaillant fût à demi admis, après examen par l'œilleton guetteur, mais il ne dépassait pas l'entrée, voire la porte entrouverte. Au temps révolu de la clef sous le paillasson, avaient succédé la barre de fonte, la chaîne à double détente, le blindage, le code, l'interphone avec ses quiproquos et ses quiproquis : « Qui est là ? », « C'est moi ! », « Qui, moi ? »

Le souci de sécurité confortait la réserve naturelle des locataires qui trouvaient là une raison supplémentaire, comprise par tous, pour se cadenasser.

Que ce fût pour ce motif, ou pour les deux, le fait était là : un plombier venu — tout arrive — pour réparer une fuite d'eau entre deux étages en savait plus, au bout d'une demi-heure sur l'appartement du 3e que les habitants du 4e.

Egoïsme ? Pudeur ? Souci de se préserver ? Crainte de ne pas être à la hauteur d'une visite intempestive parce que rien n'était « en ordre » ? Il y avait un peu, et même beaucoup de tout cela dans le comportement respectif de ces cinquante-deux locataires qui se croisaient tous les jours et ne semblaient pas — ou ne « pouvaient pas » — se voir. Un petit bonjour en passant ou pas de bonjour du tout, le regard soudain tourné vers la gauche, vers la droite, vers le ciel, vers les pieds, vers n'importe quoi, mais pas vers la personne croisée.

La mode des déplacements à l'étranger n'avait pas été sans exercer d'influence sur certains habitants du 272 bis rue de Vaugirard, non en les incitant à être plus liants à domicile, mais plus audacieux hors des frontières.

Il arriva, en effet, dans l'histoire des voyages, que les Chamiron, du 3e gauche, et les Plantin du 4e droite, qui se croisaient depuis dix ans rue de Vaugirard dans les conditions plus haut décrites, se rencontrèrent à Delphes. Ils en furent tellement frappés qu'ils n'hésitèrent pas à lier connaissance, constatant le phénomène avec des points d'exclamation. Ils se trouvèrent très sympathiques, jugèrent la vie sotte, et parlèrent tellement de la rue de Vaugirard, des commerçants de la rue Bérite, des avantages et des inconvénients du quartier, que la Pythie semblait habiter le XVe.

Il fut surtout question des gens du 6e, les de Bignacq, pas plus nobles que vous et moi, qui avaient obtenu l'autorisation d'adjoindre à leur appartement, en guise de particule immobilière, une partie de l'étage supérieur : ils appelaient ça un duplex, on se demande un peu, tout ça pour faire une terrasse et y planter quoi, je vous le demande... un palmier, un palmier rue de Vaugirard ! sûrement un faux, comme le reste, on n'a jamais vu un palmier pousser dans le XVe.

Ayant ainsi trouvé le terrain d'entente idéal, qui s'établit aux dépens d'un tiers, les Chamiron et les Plantin, enchantés de leur rencontre, jurèrent de garder le contact et se promirent même, dès leur retour à Paris, de célébrer la rencontre de Delphes par un dîner (« *C'est nous qui vous invitons* » — « *Non, c'est vous qui venez chez nous !* »), suivi d'un festival de diapositives.

Pourtant, dès le retour, les habitudes reprirent le dessus, les relations le dessous ; il y eut, à propos d'un rien, un petit quelque chose, de ces minuscules froissements de susceptibilité qui laissent pincé, la rentrée scolaire, une grippe, une nouvelle fuite, la salle à manger à repeindre, bref, avec le ravitaillement, les courses et des diapositives en partie négatives, les belles promesses s'envolèrent ; craignant de ne pas recevoir assez bien, on ne reçut pas du tout, et le rendez-vous de Delphes fut remis aux calendes.

❁

Si nous nous sommes arrêtés à cette demeure des plus communes, c'est que ce qu'elle abritait de plus commun en fît un jour une exception.

L'histoire vaut la peine d'être vécue, même si quelqu'un y trouva la mort.

La statisticose continuant à faire des ravages, l'Institut national de la Statistique s'était mis en tête (cet organisme en avait même plusieurs), pour célébrer son centenaire, de découvrir cet animal mythique que personne n'avait jamais identifié : le Français moyen.

Il faut dire que l'usage des ordinateurs, de pratique relativement récente, permettait aux chercheurs d'affiner, en quelques secondes, des approximations qui avaient demandé plusieurs mois d'études à leurs prédécesseurs.

Ce n'était plus par milliers ou centaines de milliers de fiches que les statisticiens travaillaient. C'étaient quinze millions de Français perforés que la machine ingurgitait, digérait, triait et déglutissait en ordre de grandeur, de poids, d'âge, d'appétit, de famille, de métiers.

De ce gigantesque brassage électronique, il ne resta plus, au bout de huit minutes, qu'une fiche de sept centimètres sur cinq qui livrait les mensurations et caractéristiques du Français moyen.

C'était bien un homme de 1,70 m et 70 kilos, marié, père de 2,3 enfants et qui, ayant observé l'abstinence périodique et consommé 400 kilos d'endives, devait mourir à 70 ans et 3 mois d'une maladie des voies respiratoires.

On comptait 987 532 Français répondant — sans avoir été consultés — à ces normes.

Mais si l'on tenait un compte rigoureux des deux questions aussi subsidiaires que capitales

(2,3 enfants et 70,3 ans), le nombre descendait vertigineusement de 987 532 à 3.

Ainsi, un mois avant la célébration du centenaire de l'I.N.S.E.E. et la publication des statistiques, trois septuagénaires restaient en lice : l'un à Sisteron, l'autre à Angoulême, le troisième presque entre les deux : c'était Fernand Guarinou, demeurant 272 bis rue de Vaugirard.

Fernand Guarinou satisfaisait à toutes les normes des étalonneurs, endives incluses, et à la virgule près, puisque, ayant eu deux enfants, sa femme avait fait une fausse couche. Quant à l'âge...

C'est là où allait intervenir le destin qui, on l'aura remarqué, intervient toujours à un âge ou à un autre.

L'Institut de la Statistique travaillait pour l'honneur, la recherche et la célébration de son centenaire. C'était sans compter avec l'intervention moins désintéressée de la presse : par on ne sait quel truchement, ou quelle fuite dûe à la confidence d'un fonctionnaire, un journal s'immisça dans l'affaire, en fit une compétition, et décida de donner un million au Français qui, de tous, serait sacré le plus moyen.

Voilà donc notre reporter accourant 272 bis

rue de Vaugirard chez Fernand Guarinou, qui tient la corde. Il le félicite de sa belle santé pour un homme qui va bientôt entrer dans le quatrième mois de sa soixante-et-onzième année. Puis, avec cette délicatesse qui est souvent la marque de la jeunesse journalistique, il lui fait clairement mesurer que, s'il s'arrêtait là, il aurait la gloire et le million...

A ces mots, voilà Guarinou pris d'un fou rire inextinguible, pris d'un hoquet tellement considérable qu'il rend son dernier souffle, en même temps qu'un suprême hommage à la statistique : par un ultime scrupule d'exactitude, il était mort, comme 72,7 % des Français, d'un accident des voies respiratoires.

❀

Si la statistique dénombre d'avance chaque samedi les morts du week-end routier, Fernand Guarinou était le premier mort qu'elle avait tué.

Elle se devait d'honorer, voire d'immortaliser cet homme qui, ayant vécu moyennement, était mort en respectant la moyenne. On parla de le naturaliser, de le statufier. Finalement on opta pour l'enterrement que l'I.N.S.E.E. tint à transformer en obsèques. Mme Guarinou les voulut moyennes, quoiqu'elle eût reçu le million du journal. Elle envoya des fleurs aux deux concurrents à la fois moins et plus chanceux, ce qui fit dire à l'un de leurs contemporains :

« Pour avoir raté la timbale, ils ont tout de même plus de pot ! »

On assure pourtant que l'homme de Sisteron et celui d'Angoulême, s'ils survécurent à Fernand Guarinou, n'en moururent pas moins chagrins.

VIII

L'ÉDUCATION : SES AVATARS

Disparition des places et vogue parallèle du podium. — Du hold-up considéré comme une « activité d'éveil ». — Naufrage du secondaire et des esprits fleuris.

Si la manie du paradoxe figurait dans la littérature médicale, tous les Français seraient atteints de paradoxalite. L'incubation, à la fin du XXe siècle, notamment dans les années 1968-1985, avait lieu dès le primaire, écoliers et lycéens suçant le lait des antithèses comme leurs aînés le grec et le latin.

Civisme en tête — c'est-à-dire en queue.

L'amour de la patrie, le respect de l'uniforme, le devoir d'obéissance, la défense du territoire sacré — c'était bon du temps où l'on récitait encore du Déroulède, en 1923 : *L'air est pur, la route est large, le clairon sonne la charge...* Ce genre de folies bourgeoises ne se pratiquait plus que dans la Maison mère du prolétariat et des républiques Populaires, qui exerçait les enfants au maniement d'armes, cultivait le pas de l'oie, supprimait la liberté de pensée, mais n'en voyait pas moins son drapeau brandi au nom de la liberté dans les pays où l'on pouvait manifester librement.

A mille lieues — ou plus exactement à huit cents kilomètres — de ce bouillon de culture militariste, les enfants de la société contestataire étaient eux aussi « mobilisés », mais dans un tout autre sens, la télévision et les gazettes faisant de toute rentrée scolaire une « mobilisation générale ». Alors que, cinquante ans plus tôt, cette rentrée ne prêtait à aucun commentaire, elle devenait un « événement » ; caméras et sunlights pénétraient dans les classes et l'on recueillait religieusement les *bof,* les *bah,* les *J' sais pas* des élèves interwievés. On n'aurait pas imaginé mieux pour faire de certains enfants, déjà portés à quêter l'admiration de la galerie avant de se décider à plonger dans une piscine, des cabots télévicieux.

A peine « mobilisés » à leurs pupitres, les adolescents devenaient l'objet d'une nouvelle mobilisation générale : la guerre scolaire, vieux cheval de bataille que l'on aurait pu croire empaillé, ressuscitait avec la lutte des classes, appelant au combat des millions de parents, d'éducateurs, de politiciens, de syndicalistes. Quand la guerre scolaire ne déclenchait pas la grève des enseignants, les études se poursuivaient tant bien que mal, se frayant leur place entre les congés de Toussaint, de Noël, de Pâques, des grandes vacances — et toujours noyées dans l'océan des paradoxes.

Pour ne pas « traumatiser » les faibles et les moins doués, on avait supprimé, dans la plupart des établissements, la distribution des prix, les compositions, la place de premier. Plus de tableau d'honneur, plus de prix d'Excellence, mais, au même instant, l'écolier voyait le tableau d'honneur, les places, les prix, devenir l'apanage des coureurs et des politiciens, des patineuses et des chanteurs, des écrivains et des sauteurs, inscrits au *hit parade* hebdomadaire de leur catégorie.

Le lycéen aurait pu avoir l'impression que le monde entier était en classe, sauf lui. Pour savourer la joie d'être premier, pour échapper à la grisaille du groupage, pour goûter le plaisir d'un « sans faute », d'un 9,5, d'un 19,75 ou d'un T.T.B., il lui eut fallu être perchiste ou décathlonien, courir sur la cendre ou les pistes de ski, où un centième de seconde « faisait la différence » et valait au vainqueur la médaille d'or. Le collégien n'entendait-il pas dire sans cesse qu'il fallait que la France gagnât [1], que les Français fussent des gagneurs ? On voit par là que l'une des rares disciplines observées (le conseil de Discipline avait pratiquement disparu) était la discipline sportive. C'était même le seul domaine où, sous forme d'ex aequo, d'accessits, de palmarès, on fît couramment du latin sans s'en apercevoir.

Le seul aussi à perpétuer le souvenir des grandes batailles de l'Histoire : le XV de France perdait contre l'Angleterre, c'était Waterloo ; le XI gaulois battait l'Ecosse, c'était la Marne. Quant à savoir à quoi correspondait 732 ou 1214, aucun écolier, aucun enseignant ne s'en préoccupaient.

Foin de ces plans de batailles, d'Austerlitz ou de Marengo, avec enveloppement par les ailes et rideau de troupes trompeur. En revanche — quelle revanche ! — et à titre d'exercice, le plan détaillé de l'attaque d'une banque avec toutes les

1. « Vous êtes la France qui gagne ! » avait déclaré le président de la République, en recevant à l'Elysée non pas des sportifs mais les lauréats d'un concours de dissertation et de dessin, organisé sur le thème de l'Europe.

indications requises pour permettre à l'élève de réussir un hold-up.

Ainsi, là où les Morceaux Choisis célébraient naguère les vertus de l'élève consciencieux qui cédait sa place aux vieillards dans le tramway, aidait l'aveugle à traverser la rue et signalait à un passant son lacet délacé, tandis que le parieur était promis au *banc d'infamie* — les « activités d'éveil » apprenaient aux adolescents la meilleure manière de dévaliser une banque. Lisons plutôt (à ne pas citer, on pourrait croire à l'invention) :

« *Vous avez l'intention de cambrioler une banque, la Banque nationale de France. Vous discutez le coup avec vos complices. Vous cherchez quel moment sera le plus favorable. Voici toutes les indications dont vous disposez.* »

Rien n'était laissé au hasard, tout était noté l'heure de la sortie des employés, la position de l'agent de police qui s'en va à 18 h 15, le restaurant voisin qui n'ouvre pas avant 19 h, le cinéma dont les séances ont lieu à 17 h, 19 h 30 et 23 h, sans oublier les habitudes des voisins : Mme Michel qui va promener son chien tous les jours de 18 h à 19 h, M. Vernet qui rentre à 19 h.

Enfin, et comme, pour être bon gangster, il

faut savoir sa grammaire, cette ultime recommandation : « *Après choix de l'heure pour " faire votre coup ", en expliquer la raison à vos complices en utilisant le futur antérieur*[1]. »

Ainsi « éveillait-on » les aptitudes des futurs gangsters, des fortes têtes, des chahuteurs, au risque de voir s'assoupir les bons sujets qui n'auraient jamais pensé à voler, même après l'avoir appris. En ce temps de *déculpabilisation* où un ministre avait substitué au vol le « délit d'appropriation », et où la société était rendue responsable des crimes d'un assassin, il fallait d'abord ne pas défavoriser les faibles, les moins doués, les cancres. On en était arrivé jusqu'à stigmatiser le côté « élitiste » des études ancienne manière (le terme même d'élite n'était plus utilisé que par antinomie : élitiste avait une connotation péjorative : anti-élitiste était mieux).

Le paradoxe atteignait sans cesse de nouvelles cimes : on voyait à la télévision un célèbre cinéaste confesser son admiration pour les cambrioleurs et une lauréate de l'E.N.A. dire qu'elle n'y avait pas appris grand-chose. Dans la vie

1. « *C'est facile à dire !* », *Recueil d'exercices de grammaire et d'actes de parole,* Guy Capelle, François Grellet ; Hatier, 1984.

politique même, l'erreur devenait payante : au pays de la raison et du bon sens, un expert kremlinologue, qui avouait s'être trompé vingt ans durant, était beaucoup plus écouté que celui qui avait su raison garder.

❁

De temps en temps, il faut le reconnaître, il y avait un retour de manivelle. Supprimés par décret, du fait des tendances anti-élitistes, les mentions *assez bien, bien, très bien,* avaient été rétablies pour le baccalauréat.

C'était une façon de se mordre la queue, jusqu'à ce que — en 1999 seulement — on finisse par se la mordre tout à fait en ressuscitant les plus sûrs agents de la stimulation — places, prix, honneurs. Trente années d'errements, quarante réformes en quarante ans avant de retrouver le bon sens... Mais, en 1985, on en était encore loin.

Tous les moutons devant être égalitairement tondus, on appliquait à la lettre — mais sans citer son auteur — la pensée de Cocteau : en France, l'égalité consiste à trancher toutes les têtes qui dépassent.

La guillotine s'était donc abattue, d'abord,

sur l'examen d'entrée en 6e, faisant tomber d'un coup les portes d'or du secondaire.

❁

Ainsi était dilapidé l'un des plus précieux héritages de ce siècle.

Parmi toutes les exclusivités dont la France des années 25 pouvait s'enorgueillir, avec la haute couture et les parfums, existait une richesse exceptionnelle, à peu près unique dans le monde et provenant d'un ensemencement du plus savant dosage.

C'était le produit de l'enseignement secondaire qui déposait dans les mémoires vierges le limon de la fertilité.

Y entraient un peu de tournesol et de Virgile, d'azote et de plissement hercynien, des épices et de la ciguë, de la pourpre et des aspics, du stupre et du lucre, des licteurs et des préteurs.

O La Fontaine, que ce seul mot ressuscite... La Fontaine appris à la sauvette, ânonné par des cervelles trop tendres pour pouvoir l'apprécier, La Fontaine condamné au silence par des recteurs-esthètes épris de brouillard et de néant qui lui reprochaient des allures réactionnaires, son côté bêtifiant et cette manie de faire parler les ânes et les poissons... La Fontaine jugé « dépassé » alors qu'il avait devancé tout le monde et contenait en puissance le digest, le condensé, le flash-back, le fait divers, l'écho, le scoop, le flash, le sketch, le *cartoon*, l'humour et le surréalisme, le vers libre et le journalisme — voilà cent ans déjà que nous t'avons inscrit au baccalauréat pour mieux te rétablir dans ta suprématie. A preuve ce fragment d'un discours prononcé à la Sorbonne jeudi dernier, 5 février 2100, par le Recteur de l'université :

« *Saphir de la mémoire qui nous permet d'entendre à l'instant les premiers microsillons du lycée, haute fidélité à laquelle seuls veulent échapper ceux qui croient avoir fui l'enfance alors qu'elle colle à leur peau, faites encore, faites toujours retentir dans les forêts du souvenir l'ensorcelant écho des mots magiques : sur un arbre perché, cotillon simple et souliers plats, Rodilard, Phénix, Janot Lapin et Monomotapa. Syllabes étincelantes qui reposez dans le courant d'une onde pure, désaltérant les hommes depuis cinq fois cent ans, lions décrépits, six forts chevaux, mouche du coche, rat de ville et rat des champs, vous nous avez marqués au point que tous les chemins montants sont sablonneux, malaisés, et que les ortolans nous restent gravés en reliefs.*

La Fontaine n'aura jamais fini d'abreuver notre soif de clarté. On peut bien ânonner à dix ans " Sur un tapis de Turquie le couvert se trouva mis ", ou " Dans le courant d'une onde pure... " sans se rendre compte ni de la pureté de l'onde, ni de la valeur du tapis, telle est la force de ce génie que même ceux qui ne l'ont pas appris par cœur le citent de mémoire. »

❁

En 1980, on ne le citait plus du tout [1].

Comment l'eût-on fait dès lors que la simple dictée était « ressentie » comme une forme de contrainte, voire d'esclavage, l'orthographe elle-même devenant, selon un texte de l'époque, *un instrument de domination entre les mains de la bourgeoisie cultivée ?*

Peu importait que ce fussent les plus humbles roturiers, la plèbe préceptrice qui, mille ans durant, avaient initié seigneurs et bourgeois aux participes passés et aux verbes déponents sans le moindre esprit de domination... Il fallait faire

1. Petit retour de pendule en 1984 : le 16 mai de cette année-là, les archives en font foi, dans les jardins du Ranelagh, le socle du fabuliste, « resté vide pendant quarante ans, reçut à nouveau son hôte » (Paul Guth, *Le Figaro*, 20 juin 1984).

apparaître l'orthographe comme « aliénante », propre à « bloquer » l'enfant et le « piéger ».

Un chroniqueur de l'époque écrivait :

« On voit venir le temps où nos chérubins, traumatisés par le genre douteux d'alvéole ou le singulier pluriel de chausse-trapes, seront dédommagés par leur mutuelle des méfaits d'une orthographe trop rigoureuse[1] ».

Telle était là encore la force du paradoxe : on ne cessait d'annoncer que les Auvergnats, les Corses, les Bretons étaient à la recherche de leur identité, comme s'ils avaient perdu leurs papiers ; on défendait l'occitan, le basque, le breton — on n'apprenait plus le français. Au nom de la toute-puissante globalité, on l'enseignait globalement, par groupes de syllabes que les écoliers déglutissaient en paquets. Des parents consternés s'apercevaient qu'ils avaient mis au monde des enfants globaux, incapables à douze ans, de lire le texte d'une affiche et pour lesquels l'imparfait du subjonctif était aussi étranger que du patagon.

Autant dire que la dictée de Mérimée apparaissait comme une monstrueuse survivance de la féodalité. Fallait-il être réactionnaire pour se

1. *Le Figaro*, 21 janvier 1976.

soucier de faire la différence entre cuisseaux de veaux et cuissots de chevreuils, ou de ne point mettre un chapeau circonflexe à la raclée ! On se fichait pas mal des marguilliers, des cornouillers, des groseilliers et autres fusiliers. Quant à se rappeler que Napoléon III avait fait quarante-cinq fautes et l'impératrice Eugénie soixante-deux, cela n'intéressait plus personne, surtout pas cet élève d'un lycée d'Orléans qui, interrogé sur le futur du verbe être, avait répondu *étrame.*

Comment les écoliers eussent-ils parlé correctement quand certains de leurs maîtres ne le faisaient pas eux-mêmes ?

Les relais de la télévision ayant permis aux enfants du Tarn de dialoguer « depuis Albi » avec M. le ministre de l'Education nationale, en présence de leurs maîtres, l'un de ceux-ci résuma le souhait d'un élève en disant :

« Il a parlé qu'il voulait faire banquier... »

Ce « faire banquier », digne d'un coureur du Tour rappelant qu'il avait « fait second dans Paris-Roubaix », n'empêchait nullement les enseignants de se conformer dans le moindre grimoire au vocabulaire en vogue.

Dès les premiers balbutiements de son enfant (son *jasis*), la mère était, par la vertu d'un de ces textes, initiée au jargon technocratique : pour une *meilleure parentalité,* il importait que son rejeton bénéficiât d'une *bonne intégration dans le monde sonore, favorable à son registre verbal* et à sa *spécificité.* Mais laissons l'auteur expulser son « jasis » :

« *Les parents ne doivent jamais perdre de vue la globalité. Ils devront donc pondérer les repères ici donnés à l'aide d'observations portant sur les autres signes de maturation de leur enfant, en particulier ceux de son développement affectif et psychomoteur.* »

Le psychomoteur étant en marche, le pouvoir de la mère devenait *mobilisateur;* sa voix avait une *résonance sécurisante;* elle était le *bain sonore privilégié.*

Grâce au Cours de l'*Ecole des Parents,* elle *appréhenderait les changements dans la réalité de la société contemporaine* (d'où il est évident qu'elle était exclue) ; un *stage d'implication et de recherche (4 à 5 jours)* lui permettrait de *se comprendre comme le produit d'une histoire dont elle chercherait à devenir le sujet.*

Un peu plus tard, la *nouvelle parentalité* lui ayant été dispensée *au niveau de l'agrément et du suivi,* elle pourrait *prendre en compte la dimension affective et sexuelle des relations humaines,* réfléchir aux *différents aspects du processus d'habilita-*

tion et tenter *d'élaborer, dans une perspective systémique, une nouvelle méthodologie d'agrément (4 jours).*

Face au *décodage des fonctionnements* et à la *dynamique des groupes (3 jours)* elle aurait sans doute quelque appréhension, mais, soutenue par les conseils des psychologues-cliniciens et cliniciennes, elle saurait vite *structurer sa propre identité et réfléchir aux meilleures conditions de son insertion dans la société*[1].

❀

A partir de là, on pouvait dire n'importe quoi ; et l'on ne s'en privait pas, grâce aux gargarismes de base : le *privilégier* annonçait un *fondamental,* le *dynamique* un *spécifique,* le *lieu de réflexion* un *espace de restauration* (réfectoire en vieux français).

Les éducateurs ne faisaient — somme toute — que subir l'inflation verbale qui avait élevé la Loire-Inférieure à la dignité de Loire-Atlantique les percepteurs au rang de Trésoriers généraux

1. Pour les sceptiques : les extraits de ce chef-d'œuvre de clarté proviennent d'une brochure publiée sur papier couché par l'*Ecole des Parents et des Educateurs,* domiciliée, comme il se doit, 5 Impasse du Bon-Secours, 75011, Paris.

et l'Instruction publique au titre d'Education nationale.

Mais aussi quel enrichissement . les instituteurs étaient devenus *professeurs d'enseignement général,* les surveillants généraux *conseillers principaux d'éducation,* les écoliers des *apprenants* et la récitation un *exercice d'acte de parole.*

Dans le même temps et le même mouvement, la siglophagie avait gagné les couches du primaire et du secondaire, on était candidat au B.E.P.C. ou au C.A.P.E.S. ; élève de C.M.2 ou de L.E.P. Quant à la philo, naguère si honorée, si honorable, elle avait, baptisée terminale, quelque chose de ferroviaire.

❀

Dans ce maelström artificiel, les fleurs du secondaire d'antan s'étaient fanées. C'est peu de dire que le geste de Mucius Scaevola, brûlant sa dextre dans un brasier ardent pour la punir de sa funeste erreur, ne disait plus rien à personne ; plus rien non plus ces versions latines où des villes, minées par la débauche, s'écroulaient entre deux participes passés, corrompues par les saturnales ; pas grand-chose même, la Querelle des Anciens et des Modernes.

Ce que les enfants apprenaient n'était pas moins ahurissant que ce qu'ils n'apprenaient pas.

Pour ne parler que de l'histoire récente, plus d'un manuel montrait la France de l'Occupation transformée en camp retranché de résistants ; Paris « s'était libéré lui-même » (obligeant, selon certains textes, les Alliés à y pénétrer) ; « bien renseignés par la Résistance, les Anglo-Américains avaient battu les Allemands » ; de Gaulle avait été le libérateur du territoire ; « sinistre » était la bombe d'Hiroshima, mais pas un mot sur le fait qu'elle avait été accueillie par le monde libre avec un soupir de soulagement ; on prônait partout l'indépendance et la souveraineté de la France sans rappeler qu'elle avait été très heureuse de voir Américains, Anglais, Canadiens, Australiens, s'ingérer dans ses affaires intérieures en 1944 et qu'ils avaient été accueillis à bras ouverts ; souvent, l'Ancien Régime qui avait libéré la France opprimée n'était pas celui d'avant 1789, mais d'avant 1981.

L'accent était toujours mis sur « le peuple souverain », tout étant fait au nom du peuple, par le peuple, pour le peuple, un peuple qui, pour être souvent trompé, ne se trompait jamais

— même quand deux millions de Parisiens acclamaient Daladier retour de Munich, ou Pétain quelques semaines avant de crier « Vive de Gaulle ! »

Bref, le mythe camouflait la réalité. Tant il est vrai que, dans la mémoire des hommes, le plus extraordinaire n'est pas ce qu'ils ont oublié mais ce qu'ils s'imaginent avoir fait.

IX

UNE INDUSTRIE DE POINTE : LES VACANCES

Sujet N° 1 de préoccupation et d'occupation des Français en 1985. — Les vacances cotées en bourse. — Puissance du groupe. — La *Madelon* à Bornéo. — Résurrection de la lenteur.

Comment un homme d'affaires qui, en 1920, prenait huit jours de vacances par an, comment un travailleur agricole (encore paysan) ou une employée de maison (encore domestique) qui n'en prenait pas du tout, auraient-ils pu supposer que, cinquante ans plus tard, les vacances s'étireraient sur trente ou quarante-cinq jours par an (cent cinquante avec les week-ends, les jours fériés, les jours chômés) ? Qu'elles deviendraient la raison de vivre d'une affaire énorme dont les activités, cotées en Bourse, seraient aussi recherchées que l'I.B.M. ou la Royal Dutch ; et qu'elles constitueraient un droit sacré aussi inaliénable que la liberté de pensée (on le vit lorsque, en 1982, la suppression des cartes de crédit à l'étranger et la création d'un carnet de change provoquèrent la fureur.)

Quoique le Français restât persuadé que la France — sans trop parler de ses habitants — était le plus beau pays du monde, on estimait à neuf millions le nombre de citoyens qui, pour leurs vacances, se trouvaient mieux hors des frontières.

L'extraordinaire, c'est que beaucoup d'entre eux, tout en allant aussi loin que les Maldives ou la Terre de Feu, ne quittaient pas la France.

Souvent, voyageant en groupe, ils se déplaçaient dans une bulle francophone, un écran familier leur permettant de lire le monde sous-titré. Ou bien, ils optaient pour un club florissant qui éparpillait ses possessions sur toute l'étendue du globe, gigantesque archipel dont les îles, maritimes ou terrestres, étaient autant de territoires où flottait le pavillon français.

Le visiteur perdait là tout contact avec son univers quotidien.

Tel P.-D.G., habitué à être appelé *Monsieur le Président, Patron,* ou *Monsieur le Président-Directeur général,* était fondu dans l'anonymat des membres du club, étrangers ou français, devenait Léonard ou Gaston, se faisait tutoyer par quinze cents inconnus et prenait ses repas entre un des cuisiniers chinois de l'organisation et une manucure de Vancouver.

Lui qui, dans sa société, avait eu soin, pour être à la page, de supprimer l'appellation de *chef,* trop militaire, pour la remplacer par celle de *Directeur du personnel* ou *manager des relations publiques,* il obéissait aux commandements du *chef de village* et chantait *Alouette, je te plumerai* sous le tropique du Cancer.

Lui auquel, à Paris, on apportait son petit déjeuner au lit et qui se disait incapable de parler à quiconque avant 9 h 45, il trouvait tout à fait naturel, et hygiénique, de parcourir 1,5 km à travers la jungle malaise ou les pinèdes grecques pour prendre son café au lait, sur le coup de 7 h 30, en compagnie de sept convives (toutes les tables comptant huit couverts) qui lui demandaient en anglais, en japonais, en hollandais, en français même, d'où il venait, ce qu'il faisait, ce qu'il allait faire, ce qu'il avait déjà fait, et surtout — question apparemment capitale — depuis combien de temps il était là.

Lui qui tolérait mal, dans ses bureaux, la moindre récrimination d'un subordonné (ex-*collaborateur*), il se faisait admonester comme un enfant par un maître nageur prompt à lui dire, si son crawl clochait, qu'un gosse de huit ans ferait mieux. Ne pouvant plus lui-même engueuler personne, il semblait prendre un plaisir masochiste à se faire enguirlander par tout le monde.

Dans ces luxueuses casernes de plaisir où l'on cultivait toutes les disciplines (marche, saut, tir, arts martiaux), les corvées de gala, en nocturne, étaient les plus prisées. Notre P.-D.G. s'y livrait de bonne grâce. On lui disait d'applaudir, il applaudissait. Plus fort ? Plus fort ! De crier. Il criait. De sauter sur une jambe. Il sautait. De lever les bras en l'air. Il les levait. De se pincer l'oreille. Il se la pinçait. De se gratter le dos. Il se grattait. De se tapoter la fesse gauche, la droite, de faire des moulinets en dansant — et il dansait, se tapotait, se soumettait à des brimades qui lui rappelaient le 26e d'infanterie à Toul, jusqu'à recevoir de l'eau sur la tête, ou à se la verser lui-même quand de joyeux lurons ne s'emparaient pas de lui pour le jeter dans la piscine.

On lui avait dit : « Si vous ne voulez pas participer, libre à vous ! Vous serez complètement indépendant. » Pourtant, en étant seul à ne pas jouer le jeu, à ne pas danser avec les autres, courir avec les autres, nager avec les autres, il se fût senti franc-tireur et comme passible d'un gentil conseil de guerre.

Sans doute éprouvait-il, par moments, l'impression que faire semblant de se distraire est plus fatigant que s'amuser. Mais, au bout de quarante-huit heures, il ne savait plus. Il ne savait plus qui il était, qui il n'était pas. Il n'était plus lui. On l'avait fait devenir membre d'un bataillon d'agréments, et, s'il avait coutume de dire à son « entourage » (noyau des gens qui disposent d'un petit univers) : « Ce qui me gêne en voyage, c'est de ne pas me sentir chez moi » — il se surprenait à être chez lui chez les autres. Il jouait donc au loto, au bingo, au bonzo, aux fléchettes, à la noix de coco. Peut-être était-il par instants d'une humeur telle qu'il ne la laissait pas paraître ; mais il la déguisait. Comme il se déguisait pour les bals costumés, se peinturlurait, mettait un cône de papier d'argent sur le crâne et un mirliton entre les dents.

Lui qui avait si souvent redouté, à Vichy ou à Deauville, que les prestidigitateurs, les hypnotiseurs, les Inaudi de casino, le désignassent afin de lui extraire un œuf du nez ou un pigeon du pantalon, il se surprenait à monter spontanément sur la scène et à devenir le clou du spectacle.

On voit par là combien il lui restait peu de lui-même. Lui qui avait en horreur les gens dont la vie semblait de perpétuelles vacances, comment pouvait-il soudain contempler, envier, imiter cet Apollon des plages, bronzé en janvier comme en août, habile au surf, au ballon, à l'arc, qui se riait des rouleaux comme de la neige profonde, aussi à l'aise parmi les requins et les barracudas qu'à rattraper le ballon perdu par une nymphe, bientôt rejointe sur le sable, et dont il se faisait un plaisir d'allumer la cigarette, en plein vent, dans le creux de sa main, avec une allumette surgie de son slip — le type d'exploit que lui, Léonard, P.-D.G., n'avait jamais réussi.

Il essaierait encore.

Car *une nouvelle vie* lui était offerte, *un nouveau départ, un nouvel art de vivre* — de vivre sans cesse décontracté, décrispé, à tout le moins détendu. Et si, après l'aérobic, la planche à voile, le judo, le tennis, la plongée, le ping-pong, le tir à l'arc, le surf — l'envie de travailler le tenaillait à nouveau, libre à lui : les *travaux manuels* l'attendaient, avec les *cours d'initiation* à la plomberie, au dépannage-auto, à l'électro-ménager.

Pour un P.-D.G. de son rang, devenir plombier à Bornéo ou passer l'aspirateur à Bora-Bora, ce n'était pas seulement le rêve, c'était *rêver-*

utile, alors que tant de rêves, gaspillés, s'en vont en fumée.

❁

A l'image de ce grand patron, il existait des centaines de milliers de *clubmen* de toutes conditions qui ne parcouraient la planète que dans les enclos du club. Ils vivaient en dehors de la géographie courante.

Le *clubman* ne se rendait pas en Grèce ou en Polynésie : quand il disait être allé au palais d'Osiris ou au château des Baobabs, tout le monde entendait qu'il s'agissait de l'Egypte ou du Sénégal (le courrier le suivait bien, ou mal, à *B.P. 745, Tahiti,* mais si cette mention lui rappelait les secteurs postaux de la guerre, c'était là un détail vite oblitéré).

Dès avant son départ, il se laissait ensorceler par le catalogue du club, haut en couleurs. De Contrexéville à Katmandou en passant par Sri Lanka, il n'avait que l'embarras du choix. Un choix surfin, un collier de perles et de diamants ciselé par les joailliers du tourisme. Ce n'étaient que lagons étincelants, vallées d'émeraude, oliviers écrasés de soleil, eau (vive) des torrents, beauté (exceptionnelle) des sites. Le sable était toujours fin, la végétation exubérante (voire luxuriante), les bungalows nichés, les souks animés, les oasis éventées, l'animation très vive, l'atmosphère bon enfant.

Le *clubman* se voyait déjà surplomber, dominer, contempler. Il découvrait *l'identité berbère* à dos de chameau, plongeait dans le jade (transparent) de la mer caraïbe, marchait vers les neiges (éternelles) de l'Himalaya, accompagné d'intrépides sherpas.

Le Brésil était gigantesque, l'Egypte fabuleuse, l'Andalousie lumineuse, le monde sous-marin fascinant.

Les côtes étaient ourlées de criques, les plages ourlées de cocotiers, la mer ourlée d'écume. On mesure combien l'ourlet restait nécessaire et bienvenu.

❀

Comment le *clubman* aurait-il résisté à tant de chatoyants appels ?

Comment eût-il échappé aux sortilèges mexicains quand, s'échappant de la brochure, *les fumées du copal s'élevaient, telles un rideau magique, sur la scène du marché indien, assourdissant l'éclat des huipils colorés tandis que le soleil étincelait sur les eaux sombres du lac Atitlan ?*

.. Et qu'à une autre page lui étaient ouvertes *les portes des oasis présahariennes aux Casbahs dentelées sur le ciel cobalt, les vertes palmeraies, les médinas du Rif, splendeurs secrètes des dynasties impériales ?*

Dans la palette (multicolore) qui lui était offerte, il n'avait qu'à choisir. Il était prêt à partir pour le Népal ou pour le Périgord. Un jour viendrait, peut-être, où il se sentirait prêt à conquérir le *nec plus ultra* des clubmen : le Grand Schelem — Bangkok, Hong Kong, Macao, Bali, Java, Singapour — dans la foulée.

❁

On pourrait dire de notre XXIIe siècle, encore tout jeune, qu'il est, dans le domaine des voyages et des transports, un siècle à réaction, mais nullement dans le sens où l'on serait tenté de le croire en pensant aux super-jets et aux fusées spatiales. Au contraire : le XXe avait fait tant de bruit en passant, et célébré tant de records de vitesse, que le silence et la lenteur sont devenus les luxes — en 85 on aurait dit les *must* — les plus prisés des années 2100.

Une certaine mode du ralenti s'était déjà manifestée chez nos prédécesseurs avec le rétablissement de l'Orient-Express dans ses laques, ses cadences et ses ors. Aujourd'hui on allonge jusqu'aux noms : on ne prend plus l'Orient-Express pour aller à Istanbul mais à Constantinople — ce qui étire le parcours et ajoute à ses mirages.

La tendance à faire marche arrière est telle que l'on jurerait par moments que l'animal humain avance à reculons. Quoique les ordinateurs privés permettent en quelques touches de clavier, non seulement d'obtenir à domicile la reproduction d'un texte de la Bibliothèque nationale, mais de retenir un bungalow aux Seychelles ou une chambre à Bombay, voire un emplacement de camping sur l'Himalaya, le plus loin est devenu le plus banal, le plus rapide le moins couru.

Les nouveaux aérobus à atterrissage vertical, qui permettent d'aller à Tahiti en cinq heures, ont eu, entre autres effets, de rétrécir davantage la planète. Les modes, les styles, les sports se transmettent à la vitesse du son, et le monde s'uniformise à tel point que l'on a l'impression d'être partout nulle part.

Il y a bien la lune mais la lune ne dit plus rien

à personne, même quand elle parle en clair. Les premiers touristes des fusées-lune-tout-compris en sont revenus désobusés. Quant aux vaisseaux interplanétaires, ils ne sont pas encore au point, surtout depuis que l'un d'eux, ayant échappé à l'attraction terrestre sans pouvoir atteindre celle de Mars, est condamné à tourner dans l'espace avec sa cargaison de voyageurs forfaitairement unis pour l'éternité.

Une île déserte dans le Poitou est devenue plus recherchée qu'un lagon en Polynésie. Mais le comble du luxe, le summum du raffinement pour les blasés de la vitesse et de l'exotisme, c'est le cheval, la calèche, le break. Les gens les plus huppés gagnent avec leurs attelages des hostelleries où ils sont reçus par des valets de pied en livrée Louis XV et dînent aux chandelles. Chassenade, le banquier, et Ganssenot, le soyeux, voyagent en *mail-coach* et mènent grand train sur les départementales délaissées. Ce sont là évidemment (et non « bien évidemment » comme on le disait en 85) des plaisirs que seuls peuvent se procurer des gens immensément fortunés, mais c'est un fait que les snobs les moins argentés ont remis à la mode les petits bleus.

X

REINES ET ESCLAVES : LES FEMMES

Extrême liberté des femmes françaises pourtant désireuses de sortir de leur « ghetto ». — Gloire et oppression du genre féminin. — De l'une des principales découvertes de ce temps. — Les femmes ennemies des femmes. — La femme en 2100.

Parmi toutes les plaintes qui, en cette année 1985, s'élevaient de la terre en général, et de la terre de France en particulier, celles des femmes luttant pour leur libération n'étaient pas les moins douloureuses. Toutefois, le malheur de l'humanité venant de ce que les peuples traversent la même époque sans avoir le même âge, le lamento féminin n'avait pas partout les mêmes raisons de se faire entendre. Il était même d'autant moins audible que les contraintes imposées aux femmes restaient plus intolérables.

Tandis qu'une Occidentale[1] se lamentait de sa servitude parce qu'elle ne pouvait jamais allumer elle-même sa cigarette sans qu'une main masculine lui tendît sa flamme, ou bien ne vînt lui prendre ses pincettes lorsqu'elle allait goûter le plaisir d'allumer un feu de bois — le même feu brûlait vive, quelque part en Asie, une femme coupable d'adultère.

Les Françaises, qui pouvaient épouser ou divorcer à leur guise, trouvaient sans cesse dans la conjugalité des motifs de véhémentes protestations, cependant que l'on enfermait dans un camp de rééducation une jeune Chinoise coupable d'avoir voulu épouser un Français. (Il est vrai qu'au Congo, en épousant un homme important, on devenait femme de 1re catégorie).

Il aurait fait beau voir des Parisiennes ou des Marseillaises obligées de sortir en sarrau, les jambes couvertes de bas gris... Elles pouvaient s'habiller, ou se déshabiller, selon leur goût ; elles ne s'en révoltaient pas moins contre les *ukases* de la mode, alors que des millions d'Iraniennes étaient contraintes au port du tchador et du tablier sous peine d'être vitriolées par

1. Cornelia OTIS SKINNER, *Mes Folles Histoires*, Hachette.

de fanatiques surveillants, et soumises, dans les lycées, à l'autorité de « maîtresses d'idéologie » qui leur apprenaient notamment que *deux lignes parallèles ne se joignent jamais, sauf si Dieu le veut.*

La loi française accordait au « concubinage notoire » des garanties sociales pratiquement égales à celles d'un ménage régulier. Mais, dans un sultanat arabe, l'infidèle était lapidée, quand, au Soudan, on ne lui coupait pas la main droite (ou un pied) si elle avait subtilisé quelque objet en quittant le foyer.

Ici, on excisait les jeunes filles ; là, on les vendait comme esclaves. On ne comptait même pas, en cette fin du XXe siècle, les pays où les femmes étaient cloîtrées ; encore moins ceux, tout proches, où elles ne pouvaient aller seules dans un café, au cinéma, voire se baigner sans camisole.

Ces extrêmes mis à part, aurait-on jamais vu une Française attendre jusqu'à une heure du matin son mari de retour d'une partie fine ; s'incliner par trois fois devant lui en robe longue et lui tendre gracieusement ses patins alors qu'il n'avait même pas pris le soin de la prévenir de l'heure tardive de sa venue ? C'était pourtant ce qui se passait dans le pays que tous les autres citaient en exemple de progrès, un pays où les robots eux-mêmes cotisaient, dès 1984, à la Sécurité Sociale.

. Un de ces pays fameux pour ses « contrastes », à l'inverse de tant d'autres qui semblent n'en avoir aucun. Les Françaises le visitaient en touristes, trouvaient les gens tout à fait charmants, pittoresques même, et les considéraient, ravies, avec le sourire de l'ingénu qui se demande : « Comment peut-on être Persan ? » (ou Japonais).

Ce sont là des accidents de la géographie qui confirment l'estimation d'un major anglais : « La Terre compte 53 millions de Français et 3 milliards 1/2 d'étrangers. »

❀

On voit ainsi combien les Françaises, notamment les plus féministes d'entre elles, qui pouvaient faire ce qu'elles voulaient, se marier selon leurs inclinations, calculer leurs maternités, devenir ministres ou bonnes à tout faire, lingères ou premier Président de la cour de Cassation, combien donc elles étaient fondées à se sentir opprimées et à vouloir sortir de leur *ghetto*. Car, s'il n'y avait pas de ghetto en France en l'an de grâce 1985, le vocabulaire courant en mettait partout : ghetto de la police, des « intellectuels », des pompiers, voire de la bande dessinée puisqu'on apprenait tout à trac que *les auteurs de bandes dessinées avaient quitté le ghetto de la jeunesse.*

Les mots, toujours les mots... Mais n'étaient-ce pas les mots qui opprimaient le sexe faible (cet adjectif notamment) ? N'étaient-ce pas des mots contre lesquels les femmes se révoltaient ?

Elles protestaient d'abord contre l'esclavagisme masculin, contre le petit bonhomme de chemin, contre le misogyne orphelin, contre le rituel « se parler d'homme à homme », contre la femme-objet, contre ces fausses équivalences qui maintenaient dans la même balance vieilles filles et célibataires endurcis.

A croire que le féminin n'était pas aussi glorieux que dominant. Napoléon lui-même ne disait-il pas que la France était femme, une femme que de Gaulle, à son tour, ferait surgir d'abominables gouffres pour redonner la lumière à l'univers ? Marianne était le symbole permanent du pays, fragile dans les mairies, élégante dans la haute couture, mais Rude sur l'Arc de Triomphe, le visage mâle, le glaive au poing, entraînant tout un peuple au combat.

Sublimes érections qui incitaient sans doute certaines historiennes — oublieuses du premier traité de 1622 sur l'égalité des hommes et des femmes — à dater le déclenchement du combat féministe de ce 26 août 1970 [1] où le M.L.F. avait déposé une gerbe sous l'Arc de Triomphe, non pour le Soldat inconnu, mais pour sa Femme, jusque-là négligée.

Cependant, quels que fussent les sommets à jamais conquis par le féminin, la République et la contraception, *la Marseillaise* et la longévité, la pilule et la fraternité, la paix, la guerre et la prospérité [2], — il en restait toujours d'autres auxquels les féministes s'en prenaient, moins importants, plus insultants, à commencer par ces diminutifs débilitants : nymphette, mignonnette, fillette, suffragette, femmelette, midinette et autres gentillettes, jusqu'à cette savonnette qu'une publicité phallocratique tendait à

1. Date citée dans une enquête d'Irina de CHIKOFF, *Le Figaro,* 12 janvier 1984.

2. Sans parler des cuirassés que les Anglais mettent au féminin, une Anglaise, Natalie Clifford Barney n'avait pas hésité à féminiser le mâle français : pour elle, en effet, *le féminisme ne saurait être une question de sexe puisque le Français est plus femme que l'Anglaise.*

leur faire adopter *pour être sûre de lui plaire.*

Leur donnait-on du masculin en les nommant *Madame le ministre* ou *Madame le député,* elles récriminaient tout autant. Après avoir flétri les féminins aliénants — cuisinière, ménagère, maîtresse de maison, garçonnière, rosière, commère — elles voulaient être ministresse, doctoresse, députée, présidente-directrice générale.

On ne trouvait guère que des hommes pour tenir à leur titre de sages-femmes.

❀

Ces questions capitales mises à part, les militantes étaient fort peu nombreuses à célébrer les progrès accomplis dans le domaine des libertés féminines — plus considérables en cinquante ans qu'en trois siècles —, pas plus qu'elles ne songeaient à rappeler le souvenir de ces femmes toutes-puissantes, Cléopâtre, la grande Catherine, Elizabeth Ire, qui en avaient remontré aux hommes par l'omnipotence comme par la cruauté.

Autant en emportait le vent de l'Histoire qui balayait tout, faisant même oublier que la récente contraception, aussi importante que la découverte de l'électricité, gommait des millénaires de grossesses indésirées. Le temps était encore proche où une femme, dont l'« espérance de vie » se limitait à quarante ans, passait sa brève existence à être enceinte ou à allaiter. Comment eût-elle supposé que ses descendantes réclameraient un jour le statut de mères professionnelles ?

Si nous passons du nouveau-né (on pardonnera ce masculin) à la lycéenne, le progrès n'était pas moins grand. En 1984, il y avait tout juste soixante ans que les filles, maintenues par la République en état d'infériorité, avaient accès au même enseignement que les garçons ; cent ans que *la vocation de la femme étant le foyer, il suffisait qu'elle apprît à être bonne maîtresse de maison. On lui apprenait à rédiger des lettres, à tenir des comptes, à converser, à recevoir. Elle brodait, faisait de la couture, peignait ou jouait du piano*[1].

Non seulement la même jeune fille entrait maintenant à l'E.N.A. ou à Polytechnique, mais elle en sortait major (et non majorette). Sans parler de ces hauts faits, les lycées et autres établissements scolaires comptaient, en série A, 79 % de bachelières, au grand dam des garçons.

1. Georges Duby, *Histoire de la France*, Larousse.

Si les féministes ne pouvaient que s'en réjouir, elles ne se lamentaient pas moins, au même instant — et à juste titre — de voir « l'identité » de Nicole Farjon, major de Polytechnique, se dissoudre par la grâce, ou la disgrâce, d'un mariage qui la faisait devenir *Madame Rabulaz* et du même coup *ma petite chatte* ou *mon lapin.*

Il y a déjà plus de cent ans que nous avons réparé cette injustice en maintenant les deux patronymes après le mariage (on le faisait déjà dans le Nord de la France, suivant la coutume espagnole). Mais il s'en fallait que ce fût, en 1985, la seule tradition qui tînt en échec les revendications féminines.

Dans une bonne partie du pays, les hardiesses des « libératrices » se heurtaient à de tenaces conventions. La télévision pouvait bien diffuser des défilés de lesbiennes, auxquelles de mâles homosexuels se joignaient en serre-file, il y avait encore, à cette époque, des villes de France où l'on changeait de trottoir pour ne pas avoir à saluer une divorcée (symbole de la résistance au divorce, comme jadis à César : le Massif central avec 20 divorcées pour 10 000 habitants).

Quant à « s'assumer » en tant qu'homosexuel, c'était aisé pour un intellectuel parisien débattant du sujet au petit écran mais, pour un employé de banque à Nevers ou un receveur des postes à Angoulême, c'était une tout autre histoire.

La province restait en majeure partie imperméable aux débordements de la société permissive. Les filles mères avaient beau être baptisées mères célibataires, la notion de respectabilité demeurait vivace. Sans doute ne montrait-on plus du doigt une femme adultère — mais uniquement parce que « montrer du doigt » ne se faisait plus. Et si l'on était prêt à trouver des excuses à un jeune dévoyé auteur d'une agression et à le considérer comme une victime de la Société, personne n'hésitait à qualifier de putain une « créature » qui avait un amant.

On ne s'étonnera pas, dans ces conditions, que le terme de cocu gardât toujours le même pouvoir. Si le théâtre évitait d'en user ou d'en abuser comme au temps de Feydeau, les femmes elles-mêmes se l'étaient approprié, non pour parler d'un homme, mais pour parler d'une autre.

❀

... Au fait, en 1985, comment les combattantes les plus ardentes à défendre leurs congénères parlaient-elles des autres ? Le plus souvent en tempêtant contre *toutes ces bonnes femmes qui, toutes ces bonnes femmes que,* contre tout un monde de *bonnes femmes* dont le sexe, de toute évidence, n'était pas le même que le leur. Des bonnes femmes qui passaient leur temps chez le coiffeur, qui lisaient des magazines de bonnes femmes, quand elles ne leur écrivaient pas : « J'ai de l'acné. Que faire ? » Des bonnes femmes qui se préoccupaient d'une grossesse princière au point d'en paraître délivrées elles-mêmes, s'exclamant : « C'est un fils ! », comme si le jour de gloire était arrivé.

Ces modernes amazones étaient les héritières directes de Chamfort (« Quelque mal qu'un homme puisse penser des femmes, il n'y a pas de femme qui n'en pense encore plus de mal que lui ») ou de Mme de Staël (« Je suis heureuse de ne point être une femme, car, si je l'étais, il me faudrait épouser un homme »). Mais si les femmes furent sévères pour elles-mêmes, il serait injuste de tenir pour négligeables les flèches, plus nombreuses encore, qu'à travers les siècles les hommes décochèrent au beau sexe.

Comment oublier que Molière, ayant assuré que la femme est le potage de l'homme, a été suivi dans sa cuisine deux cent trente ans plus tard, par un Américain gastronome qui, reprenant la même cuiller, mais en touillant davantage, estimait que le mariage est un repas dont le potage est meilleur que le dessert ? Vue très personnelle sans doute : O'Malley était oculiste.

Femme-potage ou femme-girouette, dondon, gonzesse, tendron, mémère, gourgandine — ce sont des hommes, non des femmes, qui les ont gratifiées de ces qualificatifs, considérant après tout, qu'elles étaient l'autre sexe le plus comestible.

❁

Mais revenons à nos féministes de 1985. Bobonnes, nunuches, bonnes femmes, disaient-elles à propos de beaucoup d'autres ; mais, s'il s'agissait de leur carrière, de leur métier, les mêmes ne manquaient pas de faire appel, pour mieux se faire entendre, au charabia technocratique : il n'était question que de *travail valorisant, motivé, gratifiant,* d'*aliénation,* de *remise en question,* de *prise de conscience* et de cette *fiabilité* dont elles devaient faire preuve pour *valider leur statut* dans les *secteurs de pointe.*

Elles pouvaient traiter de légume la ménagère uniquement soucieuse de son petit intérieur, ce n'était pas du tout la formulation adoptée par l'Association pour le Soutien et la Promotion de la Femme au Foyer — ni par un de ces hommes resté seul à la maison pendant les vacances scolaires : chaque année, à cette époque, il y avait un mâle qui, devenu légume à son tour, mesurait combien la tâche d'une ménagère était plus ingrate, et moins bien rémunérée, que celle d'un chef de service. Un des meilleurs observateurs de ce temps allait jusqu'à noter qu'il ne trouvait jamais un lave-vaisselle vide ; que le simple fait de faire le lit plus de deux jours consécutifs en ôtait tout le charme ; que le conduit de l'aspirateur était trop court quand on passait l'appareil sur la moquette, trop long quand on tentait de le remettre dans le placard ; et que la seule manière de ranger la chambre d'un fils était de fermer la porte et de se dire que cette pièce ne faisait pas partie de la maison [1].

L'Association pour le Soutien et la Promotion de la Femme au Foyer exprimait son point de vue de tout autre manière, assurant avec grâce que *l'amélioration de la condition féminine devait être prise au niveau du couple ;* qu'il s'agissait de

1. Art BUCHWALD, dans l'*International Herald Tribune,* 8 juillet 1984.

concourir à l'émancipation de la femme inhibée par une civilisation masculine ; et qu'il y avait *nécessité immédiate de déculpabiliser la femme au foyer pour en faire une femme épanouie.*

Pour parvenir à cette fin euphorique, l'Association proposait des *Clubs d'auto-promotion,* aménagés en *structures informelles* et destinés à permettre une *meilleure insertion dans la Société.*

Voilà. Il fallait que ce fût dit. Encore fallait-il que ce fût écrit.

❁

Nous sommes en 2100. Voilà plus d'un siècle que les femmes se sont « pleinement épanouies » et elles restent néanmoins très fraîches. Il n'est guère de domaine où elles ne soient les égales des hommes, quand elles ne les dominent pas, ne serait-ce que par le nombre (37 millions en 2100 contre 26 en 1984) ; les autorisations maritales paraissent aussi antiques que le droit de cuissage ; les mauvais payeurs de pensions alimentaires sont pourchassés par ordinateur et ne peuvent plus échapper aux radars de contrôle ; une femme a été président de la République lors du dernier quinquennat ; non seulement il a été établi depuis longtemps que les échecs de la procréation, loin d'être imputables à la femme, le sont plus souvent à la stérilité masculine, mais si un homme ne donne pas à son épouse l'enfant qu'elle désire, elle est libre d'aller à la banque, non pour y déposer un chèque, mais pour y prélever le sperme d'un savant, d'un perchiste ou de quelque idole de son choix.

« Pères d'emprunt », « mères de substitution »... Soyons une fois confondus par notre prétention à la « modernité ». La Bible, un de ces ouvrages fréquemment cités de mémoire sans avoir été lus, la Bible donc nous enseigne que la femme d'Abraham, Sarah, stérile, lui ordonna de concevoir avec une esclave égyptienne, et que Rachel, affligée du même mal, offrit à Jacob sa servante Bilha, qui enfanta dans ses bras [1].

On peut bien aller sur la lune ou sur Mars en week-end, le comportement des hommes vis-à-vis des femmes ne se modifie pas aussi vite... Même s'ils se sont accoutumés à ne plus parler de leur « moitié » en termes de propriétaires, on trouve encore des romanciers pour écrire de leur

1. Citations du professeur Emile Papiernik-Berkhauer, chef du service de gynécologie-obstétrique de l'hôpital Antoine-Béclère, *Le Monde*, 29 juillet 1984.

« héros » qu'en cette nuit de mai 2100, *il posséda Laurence pour la première fois.* Quant à la conversation courante, si l'on a depuis longtemps abandonné l'expression « entretenir une danseuse », qui laissait entendre que toutes les danseuses étaient des femmes entretenues, on entend encore beaucoup d'hommes dire « Vous connaissez les femmes, mon cher... », ou vanter l'intelligence d'une jolie fille en affirmant : « En plus, elle n'est pas bête du tout. »

XI

TABLEAU DE LA FRANCE ET DU MONDE EN 1985

Un univers de paradoxes. — Vaincus vainqueurs, communistes réactionnaires, le monde à l'envers. — Effacement progressif de la gauche et de la droite. — De la rotation enfin appliquée comme système de gouvernement.

A la fin de ce xxe siècle, le paradoxe n'était plus tout à fait l'apanage de la France, à laquelle, pourtant, on vole tout : sur le plan politique, il fleurissait dans le monde entier.

Les pays vaincus, voire atomisés, lors de la deuxième Guerre mondiale — l'Allemagne et le Japon — ne dominaient pas seulement le monde . ils étaient devenus les meilleurs amis des Etats-Unis. Et les Etats-Unis, qui avaient contribué plus qu'aucun autre peuple à la sauvegarde du monde libre, étaient vitupérés par lui à la moindre occasion, sous prétexte d'impérialisme ou de domination monétaire. Même renversement dans les cœurs, puisque ceux-ci, sondés par une entreprise spécialisée, montraient que les Français avaient plus de sympathie pour les Allemands, qui leur avaient infligé une des plus mémorables raclées de leur histoire, que pour les Américains et les Anglais qui les avaient libérés.

Dans la maigre partie de la planète où les libertés étaient préservées, le droit de grève honoré, l'opposition respectée, l'objection de conscience tolérée, on ne cessait de s'insurger, sans le moindre risque, contre le joug de la société et les contraintes de l'ordre, jusqu'à combattre aussi bien la peine de mort pour les assassins que l'imparfait du subjonctif pour les écoliers.

Tandis que l'on y vouait aux gémonies la police, l'armée, la bourgeoisie — la patrie du bolchevisme révolutionnaire était devenue la plus bourgeoise, la plus militariste, la plus hiérarchisée du globe.

Vaincus vainqueurs, communistes réactionnaires : ainsi allait le monde à l'envers.

Sans doute était-on encore loin d'apprendre aux adolescents, comme nous le faisons maintenant, que l'unité nationale n'est souvent que le résultat d'une succession de guerres, de rapts, de vols, de viols, de confiscations, d'annexions.

Cependant, plus l'interdépendance des nations était évidente, plus l'indépendance nationale était célébrée comme sacro-sainte.

Il s'en fallait que ce fût tout.

Sur les cent soixante-dix états de la planète, il y en avait à peine une vingtaine où l'on pouvait voter pour un parti de l'opposition, lire un journal antigouvernemental, faire grève sans aller en prison, franchir les frontières sans autorisation, ce qui n'empêchait pas certains, pris de vertige masochiste, d'être fascinés par la grisaille des régimes totalitaires qui avaient tissé leur toile sur les deux tiers de l'univers.

Seul un hasard géographique, ou géopolitique, permettait à la France de poursuivre ses jeux — et elle trouvait encore moyen de jouer à la guerre : au moment où se déroulait dans les sables de Mésopotamie l'un des plus sanglants combats de tous les temps, retransmis « en direct » avec vue panoramique de monceaux de cadavres, les Français écoutaient les communiqués du P.C. de Rosny-sous-Bois avertissant les populations du danger : partir en vacances entre 16 et 19 heures. En revenaient-ils ? C'était pour entendre un présentateur du journal télévisé annoncer la rentrée d'une voix funèbre :

« Demain début du cycle infernal métro-boulot-dodo. »

❁

Qu'il fût de gauche ou de droite, le « discours » politique, s'il demeurait empreint du style guerrier, avec ses confrontations, ses montées au front, ses explosions, n'en restait pas moins attaché à la grande famille du vocabulaire traditionnel avec ses frères et ses sœurs : l'honneur et la dignité, des entretiens francs et cordiaux, une paix juste et durable.

De temps en temps, une petite fable, une métaphore digne du cours élémentaire : le président Giscard d'Estaing avec ses maçons, sa charpente et sa maison, avait « fait un malheur ». Le président Mitterrand, avec ses étapes de plaine et ses étapes de montagne, se tailla un bon succès. Ses plus proches collaborateurs allaient jusqu'à suivre des cours d'appauvrissement du français, histoire de se rapprocher des plus démunis. Il n'était que de voir la fortune de certaines expressions — celle du pot notamment — employées par son jeune Premier ministre et aussitôt relevées comme trouvailles par les analystes du langage politique.

Qui aurait pu supposer qu'au temps du pluridisciplinaire et des épiphénomènes, « mettre le paquet » ferait un tabac ? C'était presque dans la tradition du général de Gaulle. En déclarant « La France n'est jamais aussi forte que lorsqu'elle est rassemblée » (on aurait pu aussi bien dire : les Français ne sont jamais aussi nombreux que lorsqu'ils sont ensemble), le chef du gouvernement renouvelait les évidences gaulliennes. A peine le général avait-il affirmé que l'Europe devait être européenne — un quarteron d'exégètes disséquait assitôt cette estimation à la loupe. Les grands animaux politiques ont l'art de frapper les esprits avec des formules que l'on n'oserait pas employer dans le privé.

En guise de métaphore, la plus prisée, la plus florissante, restait celle de la France-Femme, que la Providence avait dotée dès la naissance d'un organe exclusif, le génie, dont les autres nations paraissaient dépourvues. Femme recrue d'épreuves et de fatigue, remontant inlassablement la pente. A entendre M. Mitterrand parler des « fractures de l'Histoire » avec des accents gaulliens, on était près de croire que la France, dans sa périlleuse remontée des abîmes, s'était cassé le col du fémur.

Quand il n'y avait pas de catastrophe, on en

créait. Il y avait eu le mythe de la Libération de Paris « par lui-même ». Le 10 Mai 1981 accrédita le mythe de la libération de la tyrannie. Ce jour-là, en effet, la France, sans doute sur le point d'étouffer, apprit qu'elle *respirait.*

Après une longue traversée des ténèbres, éclairée seulement par les phares de vingt-cinq millions d'automobilistes capitalistes, elle allait enfin connaître la lumière. Et se défaire d'une chape de plomb. Ce 10 mai prit des allures de 14 Juillet 89 : les « gens du château » avaient été chassés ; Giscard — acclamé par la foule sept ans auparavant — était vilipendé, sifflé, hué *(A mort ! Dehors !)* dès sa sortie de l'Elysée. On eût juré que l'on était passé, une fois encore, de la royauté à la République.

La tête de Giscard n'était pas tombée dans un panier ; elle était tombée de la télé. Le pays de l'héroïque « Ils ne passeront pas ! » était devenu celui du « Il ne passe plus à l'écran ! » On pouvait se demander, puisque le pouvoir déchu avait tout pouvoir sur la télévision, comment il avait été battu. Très simple : un coup de tête, un de ces fameux coups de tête qui faisaient la France et la défaisaient.

A cette époque, qui nous paraît déjà si reculée, il était bien difficile de savoir à qui la

France-Femme se donnait le plus volontiers. Sans même parler de ces coups de tête phénoménaux qui lui avaient fait troquer une royauté contre une République, une République contre un Empire, un Empire contre un roi — mais lui laissaient assez de sang-froid pour traiter les Italiens de girouettes — comment définir l'époux idéal auquel Marianne apportait en dot 550 000 km^2 et deux mille ans d'Histoire ? Il y avait des moments où les Français voulaient avoir à leur tête quelqu'un qui eût la tête de tout le monde — type Pinay modifié — et d'autres où cette tête-là, qui était la leur, ne leur revenait plus du tout. Le pays du *faites comme tout le monde !* s'entêtait à se trouver une tête qui ne fût celle de personne, une tête au-dessus des autres, une tête capable de tenir tête aux plus grosses têtes du monde. Le pays de la petite vie pépère, des petits caboulots et de la bonne petite belote faisait du défoulement de grandeur, se délectant à entendre la musique du Grand Siècle accompagner les chefs d'Etats à Versailles. Jusqu'au jour où cette nation, qui se lasse vite, abandonnait sa tête dans l'indifférence générale. Au pays de la bonne franquette et de la musiquette, tout cela finissait par des chansonnettes.

❁

Mais, revenons un instant à ce 10 mai 1981. Rien ne vaut tant, pour revivre ce passé, que de le faire au présent, en citant quelques journaux de l'époque :

> « *Aujourd'hui une nation de sujets est prête à devenir une nation de responsables (...) La France de 1970 était un pays en jachère, un pays de fortes inégalités sociales et de privilèges. (...) Ouf ! C'est fini, comme on veut croire qu'a vécu la pratique modérément républicaine qui donnait le pas à la famille, l'obsédante famille du chef de l'Etat. (...) Ce 10 mai, pour la première fois depuis un quart de siècle, des millions d'hommes et de femmes ont soudain le sentiment d'habiter la France. De n'être plus étrangers dans la nation, d'avoir désormais le droit à la parole.* »

On aurait pu croire que, vingt-trois ans durant, la France était restée muette. Comment ne pas le penser puisque le ministre de la Culture revenait à la charge quelque temps plus tard en affirmant : « Il faut redistribuer la parole » ?

La droite, avec ses plages privées, était chargée de tous les péchés ; la gauche, avec ses masses laborieuses, parée de toutes les vertus. Au lieu d'alimenter cette démagogie, le pouvoir socialiste eût été mieux inspiré en rappelant simplement que la plupart des avantages sociaux avaient été arrachés par les luttes ouvrières alors que le patronat aurait pu les octroyer.

Dans le domaine des relations extérieures, le nouveau régime, quelles que fussent ses tendances novatrices, n'en respectait pas moins les principes les plus classiques : ainsi la France n'agissait jamais dans son propre intérêt, mais toujours dans celui du « monde entier ». Comme il n'y avait plus d'ennemi héréditaire, la source de ses malheurs se déplaçait, suivant les circonstances et les besoins, de trente-cinq kilomètres à huit mille. Tantôt c'étaient les Arabes qui, en provoquant « le choc pétrolier », menaçaient les déplacements et la vie des Français. Tantôt c'était l'Angleterre, ses dindes et ses poulets, qui étaient à l'origine de ses calamités.

Quand le mark, de nouveau « arrogant », ne *diktait* pas sa loi, le dollar impérialiste imposait la sienne et mettait la France à genoux (« Il n'y aura pas de nouvelle génuflexion devant le Dieu-Dollar ! » assurait, dangereusement, un membre du gouvernement, trop jeune peut-être pour se rappeler le « Strasbourg ne restera pas sous le feu des canons allemands » de Sarraut).

Etre malheureux, c'est triste. Pouvoir attribuer ses malheurs à quelqu'un, c'est consolant. Il fallait en tout cas être mauvais Français pour rendre la France responsable de ses maux.

Parmi tous ses ennemis, l'amie du monde entier « privilégiait » l'allié américain qui l'avait singulièrement aidée à sortir du trou. C'était peut-être cela qu'on ne lui pardonnait pas. Il y avait du Perrichon là-dedans...

A défaut de Labiche, Ambrose Bierce avait déjà mis les Etats-Unis au parfum : « Mon Dieu, protégez-moi de mes amis. Mes ennemis je m'en charge ! »

Quoique le langage officiel à l'égard de l'U.R.S.S. fût beaucoup plus ferme qu'auparavant, l'anti-américanisme restait plus virulent, et plus pratiqué, que l'anti-soviétisme.

Le ministre de la Culture n'avait-il pas dit que « l'impérialisme américain menaçait notre génie latin » ? Les unités yankees ayant été, longtemps avant, reconduites aux frontières d'un pays où elles avaient pénétré par effraction en 1944, on pouvait penser que tout danger était écarté. Mais non. Elles attaquaient maintenant le sanctuaire gaulois par vagues de bandes dessinées, commandos de pellicule, hordes de machines à copier.

On était en droit de croire que c'était par inclination spontanée que les Français, préférant le living à la salle de séjour et le job à la situation, vivaient de plus en plus à l'américaine, laissant leurs enfants extérioriser leurs complexes en blue-jeans selon le style campus, parfois même en maillot de corps du pénitencier d'Alcatraz, avec numéro matricule.

Impossible de penser qu'ils suivaient d'eux-mêmes cette pente fatale. Comme s'il pouvait être dans leur nature de s'amouracher de gadgets, de badges, de kits, de twin-set ou de flashes d'information ! On les y forçait. Pour les astreindre au shopping, au nervous-breakdown, au fast-food, au snack, il fallait un pouvoir occulte.

Seule, la C.I.A. pouvait obliger la jeunesse française à porter des T-shirts frappés du sigle des universités de Los Angeles ou de l'Oklahoma et à boire du Coca-Cola dans des drugstores. Non seulement elle lui mettait des O.K. dans la bouche, mais, s'infiltrant dans les plus hautes sphères gouvernementales, elle avait contraint le ministre cité plus haut à s'appeler Jack. Intolérable !

A voir la façon dont la pollution américaine gagnait la publicité : eau de toilette *After-shave,* soutien-gorge *O'Yes,* fond de robe *Exciting,* et jusqu'à la manière de dire d'un mannequin (*cover-girl,* plutôt) qu'elle avait un bon *look*... on pouvait mesurer la puissance de cette cinquième colonne. Un chroniqueur de la télévision, pour qualifier une célèbre ballerine de grande star, parlait de *starité.* C'était vraiment le comble de la servilité.

On s'en serait douté : il y aurait toujours des collabos.

❁

Malgré la force des idées reçues et la résurgence des nationalismes, certains progrès s'accomplissaient. L'Europe, pourtant, balbutiait : si l'on parlait des Etats-Unis très sérieusement, les Etats-Unis d'Europe faisaient encore rigoler beaucoup de gens.

Ce n'était pas que les chefs d'Etat ne se rencontrassent pas : ils se rencontraient trop. On faisait un tel plat du moindre sommet que tous les sommets paraissaient plats.

« *Deux grands princes qui se voudraient entr'aimer ne se devraient jamais voir, mais par sages et discrètes personnes* »... ainsi parlait Commines. Et c'est un paradoxe de plus de voir ce chroniqueur revenu à la mode depuis que nous sommes enfin parvenus, en 2090, à une Europe fédérale. Car, au risque de décevoir les tenants d'hommes providentiels et les amateurs de miracles, les nations de 2100 ressemblent de plus en plus à des sociétés anonymes, ayant à leur tête un conseil d'administration.

La France n'avait-elle pas commencé à leur ressembler dès 1970 puisque ses gouvernements, de droite ou de gauche, ne parlaient que productivité, gestion, compétitivité ? On faisait toutefois, avec la Société-France, ce que l'on n'aurait jamais osé faire avec l'I.B.M. ou Michelin. Si le sort d'une telle entreprise s'était joué tous les cinq ou sept ans à la roulette électorale, cela n'eût pas semblé sérieux.

Il aura donc fallu beaucoup de temps pour en finir avec les coups de tête de la France qui, pour épouser facilement, gouvernait contre sa moitié. Mettre fin à deux cent cinquante ans de guerre franco-française n'était pas aisé. L'expérience aurait dû servir. Mais, pour parler tel un Québecois, l'expérience, c'est comme un cure-dent : personne ne veut s'en servir après soi.

A-t-on jamais fait le compte des siècles qui se sont enfuis depuis que le premier politique a dit qu'il n'y avait plus une minute à perdre ? On le mesure à peine dans nos musées politiques qui conservent, momifiés, un indépendant de droite et un radical-socialiste, avec écouteurs permettant d'entendre l'ode à une France plus juste, plus fraternelle, plus libre ; la collection des éditoriaux intitulés *Le Dernier Tournant ;* et les discours de tant d'orateurs ne jurant que par la démocratie et le peuple souverain — les uns au nom de la liberté, les autres au nom de l'égalité. Comme l'égalité annule la liberté et que la liberté rend impossible l'égalité (les deux supprimant la fraternité) c'est un cercle vicieux — contrairement au carré qui reste toujours vertueux.

Le Collège des Sages qui nous gouverne maintenant, avec président élu annuellement par rotation, donne les mêmes pouvoirs à la gauche qu'à la droite. Elles ont même fini par ne plus se distinguer. Se distinguaient-elles, naguère, ailleurs que dans la propagande électorale ? De Gaulle, en accordant l'indépendance à l'Algérie et en faisant entrer les communistes au gouvernement, n'était-il pas un homme de gauche ? Et Mitterrand, en combattant l'hégémonie soviétique ou en employant le langage de la force par diverses opérations militaires, n'était-il pas un homme de droite ? Laissons un « radical de gauche » répondre lui-même à ces interrogations. Ayant écrit que l'on est de gauche ou de droite comme on est d'Annecy ou de Cambrai, il n'hésitait pas à dire que l'on pouvait *gouverner à gauche avec le projet de Valéry Giscard d'Estaing et à droite avec les principes du Programme commun*[1].

... Malgré quoi, en l'an de grâce (sinon l'état) 1985, il y avait dans le regard d'un député de gauche vers un député de droite, et vice-versa, plus de haine qu'on n'en vit jamais dans les yeux d'un mobilisé de 39 à l'égard de l'Allemand (il est vrai que ces derniers ne pouvaient, comme à l'Assemblée Nationale, se retrouver à la buvette pour se tutoyer).

❁

S'il nous fallut beaucoup attendre, sur cette Terre qui tourne, pour en arriver à la rotation, ce n'est pas tant à cause de ce mouvement

1. Jean-Denis BREDIN, *op. cit.*

naturel que pour sa ressemblance avec le mode de gouvernement helvétique. Malgré toutes les qualités de l'air suisse, les Français répugnaient à « avoir l'air » d'une petite nation. Ils avaient pourtant sous les yeux, depuis plusieurs siècles, l'exemple de gens qui vivaient en trois langues sur leurs vingt-deux cantons, tandis que tournaient au-dessus d'eux, avec la régularité horlogère d'un satellite, les sept sages conseillers fédéraux, chacun présidant la Confédération pour un an, sans même que la plupart des citoyens sachent son nom.

Petit pays, grand exemple. Tout est loin d'être parfait dans le monde d'aujourd'hui. Mais, tout de même, c'est déjà un résultat de voir la politique intérieure réduite aux dimensions de ce qu'elle n'aurait jamais dû cesser d'être : un service public, uniquement destiné, contrairement à beaucoup de services publics de naguère, à rendre vraiment service au public.

Quant à la politique extérieure... pour utopique qu'elle puisse paraître, l'hypothèse fédéraliste est dans le sens même de l'histoire, celui qui va de l'homme à la cité, de la cité à la province, de la province à l'Etat. Un Bourguignon de l'an mille n'eût-il pas crié à l'utopie si on lui avait certifié qu'un jour il pourrait aller de

Dijon à Paris sans passeport ? Que dirait-il en cette année 2100, où la loi de la rotation s'applique même aux armées ?

Pour la première fois depuis longtemps, et après maintes périodes de tension, Etats-Unis et U.R.S.S. caressent de concert le même dessein : les services militaires internationaux, les soldats de l'Armée rouge allant faire leur service en Amérique et les recrues de l'armée américaine faisant leur temps en Russie. Déjà plusieurs unités sont sur place.

La fine fleur des deux jeunesses étant disséminée sur le territoire de l'autre, on ne voit pas comment la guerre pourrait éclater. Mais comme les historiens sont seuls à prévoir — après coup — comment les choses se sont passées, mieux vaut ne rien assurer.

TABLE

Achevé d'imprimer en février 1985,
sur presse CAMERON,
dans les ateliers de la S.E.P.C.
à Saint-Amand-Montrond (Cher)

23-62-3771-04-5

ISBN 2-01-008848-4

N° d'Édition : H-056-85. N° d'Impression : 349.
Dépôt légal : février 1985. N° 9821.

Imprimé en France